國學初階

# 諸子通考

孫德謙 撰  張京華 點校

華東師範大學出版社

**圖書在版編目(CIP)數據**

諸子通考/孫德謙著. —上海:華東師範大學出版社, 2013.4
(國學初階)
ISBN 978-7-5675-0635-0

Ⅰ.①諸… Ⅱ.①孫… Ⅲ.①哲學家－人物研究－中國－先秦時代②先秦哲學－研究 Ⅳ.①B220.5

中國版本圖書館CIP數據核字(2013)第084164號

國學初階
# 諸子通考

| | |
|---|---|
| 著　　　者 | 孫德謙 |
| 校 證 者 | 張京華 |
| 特約編輯 | 黄曙輝 |
| 項目編輯 | 龐　堅 |
| 裝幀設計 | 勞　靭 |

| | |
|---|---|
| 出版發行 | 華東師範大學出版社 |
| 社　　　址 | 上海市中山北路3663號　郵編 200062 |
| 網　　　址 | www.ecnupress.com.cn |
| 電　　　話 | 021-60821666　行政傳真 021-62572105 |
| 客服電話 | 021-62865537 |
| 門市(郵購)電話 | 021-62869887 |
| 地　　　址 | 上海市中山北路3663號華東師範大學校内先鋒路口 |
| 網　　　店 | http://ecnup.taobao.com/ |
| 印 刷 者 | 杭州富陽永昌印刷有限公司 |
| 開　　　本 | 787×1092　32開 |
| 印　　　張 | 5.125 |
| 字　　　數 | 100千字 |
| 版　　　次 | 2013年5月第1版 |
| 印　　　次 | 2013年5月第1次 |
| 書　　　號 | ISBN 978-7-5675-0635-0/B・776 |
| 定　　　價 | 16.00元 |
| 出 版 人 | 朱傑人 |

(如發現本版圖書有印訂品質問題,請寄回本社市場部調換或電話021-62865537聯繫)

# 出版弁言

(一)

孫德謙先生,名德謙,字受之,又字壽芝,號益葊,晚號隘堪居士,室號四益宧。

望文生義而揣測,德謙之名當出於《易經》之《謙卦》,與先生十九歲入縣學時之學使王先謙字益吾命義相同。《易・謙・彖》曰:"天道虧盈而益謙,地道變盈而流謙,鬼神害盈而福謙,人道惡盈而好謙。""受之",受益與福也。"益葊",承其所益也。"壽芝"取諧音,"隘"取同音,讀爲"益","堪"即天道也。許慎注《淮南子》曰:"堪,天道也;輿,地道也。""宧"字,《爾雅》在《釋宫》,"庵"類也,而義通於《頤卦》,謂天地頤養萬物也。然而以"四益"闡發《謙卦》,首推《漢志》。《漢志》稱道家者流,"《易》之嗛嗛,一謙而四益,此其所長也",師古曰:"'嗛'字與'謙'同。"此即"四益宧"之出典。然則先生出生有此名,晚年以此號,其終生謹於天人之道,而以《漢志》爲學術中堅,以發明六藝、九流之說而貢獻於世,殆有天命然。

昔金源有人名孫德謙,元好問有詩題《贈別孫德謙》,稱爲"孫郎"。元亦有人名孫德謙,《新元史・忠義傳》:"孫德謙,睢州人,官大同行省平章政事。大都既陷,惠宗北奔,明兵圍大同。謙嬰城固守,自知力不支,乃手書自決,作詩數章,詞義激烈,飲藥自殺。"按人有謙謹之德,而天道有時竟不能眷顧,乃至專以摧之殘之滅之亡之,此司馬所以質疑於"天道無親,常與善人"之古訓也。《史記》一書,自本紀、世家、列傳,十表、八書,未有深論天道者,而其自陳乃謂"亦欲以究天人之際,通古今之變"。"通古今之變"誠有之,"究天人之際"何謂也?莊生有言:"何謂道?有天道,有人道。天道之與人道也,相去遠矣,不可不察也。"天道與人道有時而相合,相合則可以無言;天道與人道有時而相分,相分則不勝其言。伯夷、叔齊積仁絜行如此而餓死,盜跖日殺不辜,肝人之肉,暴戾恣睢,橫行天下,竟以壽終。此則必有以論之,論此之謂"究天人之際。"

王蘧常所作《元和孫先生行狀》載其感慨於金元二同名,又云:"時士媚澆說,視舊學若土埂,先生憂之。……當光緒之季,邪孽始萌,國步岌岌,先生自以諸生,無所補救,嘗輯陶淵明、《二妙年譜》、《杜善夫文集》、《金史藝文略》、《全金詞》各若干卷,以寄其蘊憤之慨。……又讀《元詩選》,見有同姓名官平章殉節者,元遺山詩亦有同者,能詩,皆遭末造,爲心動,至作《三末謠》以見志。"先生《三末謠》詩云:"金末能詩壽不長,元末殉難官平章。及余而三又清末,不夭不節守其常。"夏敬觀《忍古樓詩話》稱孫德謙"其生平爲詩絕少","視此亦可以知其生平抱負也"。

吾國學術傳統特重天人之際,又重在鼎革興替,尤對於叔世季世衰世末世,深懷痛悼。然而先生所關切者又不僅在三末,蓋金、元、清三朝,女真、蒙古、滿人所建之朝也,而先生深情寄意焉。段克己、段成己兄弟"二妙",金人也。杜善夫,元人也。劉承幹曰:"先生於辛亥後,又輯有《金遺民錄》,藏於家。"又發論曰:"完顏一代,地褊祚短,而亡國之後,遯菴、菊軒連袂高蹈,與夫野史一亭殫心文獻,空山掩淚,笙磬同音。其志事視《天地間集》、谷音汐社諸君子何以異?古人不作,來者難誣,豈有享國遠過於金源,聲教無間於南朔,而箕子仁賢,惟以陳疇爲心,崔生高朗,不聞一士之報者哉?"(劉承幹《二妙年譜·序》)是則先生所刻心,不只於寄情逸民,更在於夷夏之勢。料先生必深知夫"學在四夷"之從權,"用夏變夷"之常道,惜未出其深論也。

《元和孫先生行狀》又載:"辛亥,武昌軍起,隻身走海上","獨居深念,几席常有涕泣處"。是年,先生作《南窗寄傲圖記》,即以逸民自守。後數年,王國維作《百字令·題孫隘庵南窗寄傲圖》云:"楚靈均後,數柴桑、第一傷心人物。招屈亭前千古水,流向潯陽百折。夷叔西陵,山陽下國,此恨那堪說。寂寥千載,有人同此伊鬱?"

昔顧炎武爲明諸生,而開有清一代學術。王蘧常作先生行狀,亦以爲可以"上之國史,以爲修儒林、文苑傳者要删,如《清史》之於亭林、南雷、船山先生焉,其可。"其意似以先生爲清末諸生,而當賴以開啓民國一代之學術。夫明人而開有清之學,清人而開民國之學,其可乎？其不可乎？

(二)

有清之季今文盛,此康氏之今文也,以僞益僞,僞今文也；民國之初子學盛,此胡氏之子學也,以亂益亂,亂世之學也。析言破律,足以亂世淆聽,而决不能終始條理,集成衆美。

故自晚清民國以來,有學術,而學術與學術不同；有子學,而子學與子學不同。故先生嘗爲之慨言曰："嗚呼！今天下未嘗廢學也,庠序之内,莘莘學子所講肄者,左行之文字,侏僑之語言,其甚者辭氣鄙倍,曾子所戒,今且師弟之間公然傳習。街談巷議,不過小道之可觀,而其推崇也,等諸金科玉律。一切經史之學,前賢所用以經世者,無不弁髦棄之。學術之衰,於斯爲極。"(孫德謙《儒家道術於四時屬夏故其教重學而明禮説》)

又曰："嗚呼！中國四部之書,至今日而若存若亡,將在無足輕重之列矣！慨自異説盛興,爲之士者,擯棄吾國舊有之學,所書者唯佉盧左行之文,所習者爲鮮卑通解之語,於是經可束閣,史可掛壁。更復造爲文字,苟趨簡易。出其詩歌則以諺言行之,將古人文集皆可屏而不觀。獨於諸子尚有研閲之者,然便辭

巧説，一任我之所爲而牽合傅會之，是其於諸子也，豈真能章明其學説哉？"（孫德謙《中國四部書闡原》）

又曰："嗚呼！今天下之亂至矣，彼非聖無法者，日出其奇謬之學説，以隳棄綱常，剗滅軌物。世風之愈趨而愈下，正不知伊於何底。"（孫德謙《評今之治國學者》）

又曰："吾國今日，内憂外患，災禍荐臻。孟子有言：'上無禮，下無學，賊民興，喪無日矣！'今人皆知國勢顛危，將有喪亡之懼，而不知無學之爲害。夫學術可以救國……吾又不解中國學者，群趨文藝，竟不識學問爲何事，是可慨也。"（孫德謙《修改本校國學系學程管見》）

又曰："夫天下有治世之學術，有亂世之學術。余之表章諸子也，蓋以百家學術皆以救時爲主，世之亂也則當取而用之耳。"（孫德謙《諸子通考》卷一）

故予以爲近世經學當有分辨。奚乎辨？或以爲"我輩生於今日，其任務則爲結束經學"，又以爲"經學時代已經結束了，可是經學史的研究才剛剛開始"，如此而自命爲經學家者，僞經學也。子學亦當有辨。奚乎辨？清光緒三十四年張爾田刊《史微内篇》（孫德謙《諸子要略》著作在先，然未刊行），真子學也，民國六年胡適作《論九流出於王官説之謬》，僞子學也。隴頭流水，其界分當如此。

孫德謙卒，張爾田爲論定學術宗旨，有云："諸子之學，創始益葊與弟，而執事實爲之後勁。世有表子學先河者，必不遺我輩，此固非區區標榜之謂耳。"（張爾田《與陳柱尊教授悼孫益葊教授書·第二書》）

又云："諸子之學，絕千餘年，國朝儒者非無治之者，然大抵皆校勘家，非子學也。兩人本篤信章實齋，習於《流略》，遂於《漢·藝文志》發悟創通，自唐以後，言諸子而能本於《漢志》者，實自吾兩人始。嘗自詡其功，不在戴東原發明《孟子》字義之下。即有欲推翻吾兩人者，亦必先推翻《漢志》不可，《漢志》苟推翻，則中國學術且盡亡。苟其爲中國人、有人心也者，必不滅裂至此。吾兩人現見及此，於是用《漢志》創通諸子。益葊先成《諸子要略》，僕亦成《史微內篇》，益葊復又成《通考》三卷。於王念孫輩校勘訓詁外，別闢一門徑矣。雖近十年來，諸子之學日異而月不同，我輩自亦不免有積薪之歎，然先河後海之功，似亦不容沒也。"（張爾田《與陳柱尊教授悼孫益葊教授書·第三書》）

王蘧常稱孫德謙："於清儒獨契會稽章實齋言，習於《流略》，遂於《漢志》發悟創通。章氏嚴於體例，而先生則鉤索質諭，貫殊析同，直欲駕而上之矣。又歎世之講板本者，得宋元以矜奇閟，而於書之義理則非所知。以爲劉氏向歆之所長只此璨璨辨訂於字句之間，未能條其篇目，撮其指歸，於是又治向歆父子之學。蓋生平得力在周秦名家之術，於一切學問異同咸思磝實以求其真，其後雖屢進而益深，皆植基於此矣。

興化李審言明經詳,嘗稱先生會稽之學與太守(張爾田)'爲海內兩雄,有益一人不得者',猶未能盡先生之學也。三十以後,嘗欲遍注諸子,精思真索,往往搯擢腎胃而出之。"(王蘧常《元和孫先生行狀》)

孫氏嘗自言爲"章氏學派"(孫德謙《論國學分類方法》、《修改本校國學系學程管見》),而沈增植亦稱之爲"今之章實齋"(孫德謙《跋陳柱尊所藏沈子培先生與康長素手札》)。予按晚清民國以來諸子之學,以孫德謙、張爾田開其先,劉師培、江瑔、劉咸炘承其後,具有宗旨。此五人俱皆私淑實齋,實可釐爲一部實齋學案。其學術始基,皆自"篤信章實齋"而發。蓋信章實齋乃能信劉向歆父子,乃能信《漢志》、信《諸子略》,乃能信《周官經》,由此而尊崇三代,下覽四部,故治經學而經學立,治子學而子學立,治國學而國學立。

張爾田卒,鄧之誠復爲論定學術宗旨云:"所撰《史微》八卷,本章學誠之旨,求證於羣經諸子,窮源竟委,合異析同,以推古作者之意。……早歲憤梁啟超輩異說惑世,因撰《新學商兌》一卷。晚尤篤信孔孟,有犯之者,大聲急呼以斥之,雖親舊無稍假借。謂人心敗壞至此,必有滄海橫流之禍。"又云:"世安有不信其人,而其學可信者哉?今之自命學人者多矣,攘臂爭利,鬼怪百出,此世之所以亂也。"(鄧之誠《張君孟劬別傳》)

由此而言,可知篤信其人,篤信其學,因以考求上古之本真,是爲真子學;雖炭炭於諸子學科之設置,其實不信其學,僅利用之以成一己之私情,故不惜鉤釽割裂,破碎其義,是即僞子學。真僞之際,由信與不信可見其一端矣。

(三)

孫德謙與張爾田治學,有所謂"譚道廣平"時期與"海上三子"時期。

張爾田《史微·凡例》云:"往與吾友孫君益菴同譚道廣平,即苦阮氏、王氏所彙刊《經解》瑣屑餖飣,無當宏旨,嗣得章實齋先生《通義》,服膺之。"爲孫德謙《太史公書義法》所作《序》又云:"與余同讀書廣平,舉向之聲韻訓詁,盡棄其所學,而一以會稽章氏爲歸。"

據吳丕績《孫隘堪年譜初編》,光緒二十年甲午,孫德謙二十歲,"大治目錄學",輯劉向《別録》、劉歆《七略》等十三卷,"名之曰《古書録輯存》"。次年,"成《漢志藝文略》一卷"。

光緒二十三年丁酉,孫德謙二十九歲,至元城課業張東蓀,即張爾田之弟。時張上龢(字沚蓴)爲元城縣令,即張爾田之父。張上龢"由元城改静海,後又調廣平府永年縣",孫德謙"皆從之",張爾田"亦時時省親至署"。(張爾田《與陳柱尊教授悼孫益菴教授書·第三書》)

光緒二十四年戊戌,孫德謙三十歲,在静海,"於經、小學自艾不得大義,爲高郵一派徒屑屑於章句,非其至,遂去經而專治百家言"。

光緒二十五年己亥,孫德謙三十一歲,在廣平永年,"其年與孟劬太守同治會稽章實齋書,始以(張)〔章〕氏治史之法治諸子。'凡先秦諸子之書,罔不輒察鯢理,疏紾比昔,必蘄於至嗛而無蔽',而子學乃大進"。

張爾田《與陳柱尊教授悼孫益菴教授書·第三書》亦云:"是年始同讀章實齋書,兩人者始盡棄從前訓詁章句之學,潛研乙部,拙著《史微》所謂'談道廣平'者此也。"

此爲"譚道廣平"時期。

孫德謙曰:王國維"在日本歸國、寓居海上時,余與張君孟劬與之頗相契,不數日必共談學。沈子培先生贈孟劬詩云:'三客一時萃吳會,百家九部共然疑。'又壽余五十詩,則合況夔生、李審言,有'五君詠'之語。可見吾人游處之樂,且爲前輩所注目"。(孫德謙《修改本校國學系學程管見》)

張爾田曰:"時王靜安亦來滬,僕因介與隘菴相見,三人者遂相視莫逆,培老(沈增植)詩所謂'三客一時雋吳會,百家九部共然疑'者,指吾三人也。"又曰:"此僕與益菴遇合之跡也,嘗綜合吾兩人之生平、學行、志趣,殆無弗同。"(張爾田《與陳柱尊教授悼孫益菴教授書·第三書》)

王國維云:"丙辰春,予自日本歸上海,卜居松江之側,閉户讀書,輒兼旬不出,所從談學問者,除一二老輩外,同輩惟錢唐張君孟劬,又從孟劬交元和孫君隘庵,二君所居距予居不數百步,後遂時相過從。二君爲學皆得法與會稽章實齋先生,讀書綜大略,不爲章句破碎之學。孟劬有《史微》,隘庵有《諸子通考》,既藉甚學者間,丁巳秋,隘庵復出所撰《漢書藝文志舉例》。"(王國維《漢書藝文志舉例·序》)

夏定域曰:"嘉興沈子培(曾植)曾稱先生爲'今之鄭夾漈',更以先生與張爾田及海寧王静安(國維)並稱,諡曰'三君',曾有'三客一時萃吴會,百家九部共然疑'之詩句,其推崇可謂至矣。"(夏櫟山《悼孫德謙先生》)

鄧之誠謂張爾田"居上海時,與海寧王國維、吴孫德謙齊名交好,時人目爲'海上三子'"。(鄧之誠《張君孟劬別傳》)

此爲"海上三子"(或稱"海上三君")時期。

(四)

孫德謙於諸子學,所著述有《諸子要略》、《諸子通誼》、《諸子概論講義》、《十家文編》,及《諸子通考》内外篇。

《諸子要略》又稱《諸子輯略》,共五十篇,未見刊行,單篇《家數》、《宗旨》二篇見《亞洲學術雜誌》。

《諸子通誼》又稱《子通》,《諸子通考》卷二引《十家文編·自序》云:"嘗撰《子通》一書,挈其綱矩,復匄古人異論，而箸《諸子通考》矣。"今見《荀子通誼》，孫氏卒後，於《學海月刊》連載。又有《吕氏春秋通誼》，未見。又有《墨子通誼》、《列子通誼》、《賈子新書通誼》，皆未成稿。

又著商務印書館函授學校國文科《諸子概論講義》一小册，分《諸子須辨明家數》、《諸子各有其宗旨》、《諸子之派别》、《諸子之寓言》、《諸子本書及末流之失》等七章。

《十家文編》爲諸子文選，其書未見。《自序》曰："《六經》而後，奇文鬱起，其諸子哉！""夫祖述唐虞，留思仁義，儒家文也；鑒觀成敗，秉執撝謙，道家文也；循聲責實，尊君卑臣，法家文也；歷説權宜，熄兵弭患，從横家文也。"又曰："今者萃兹十家，都爲一集。""暝鈔昕寫，提要鉤玄。"

《諸子通考》内篇三卷，宣統二年庚戌由江蘇存古學堂刊行。江蘇存古學堂仿張之洞武昌存古學堂而建，即光緒三十三年孫德謙與張爾田共請創設，孫氏並任協教，講授諸子之學三年。

其書線裝鉛印，一函三册。題"元和孫德謙益葊父撰"，朱祖謀書檢，爲《四益宧叢書》之一。

《諸子通考》外篇未刊，上海圖書館存有稿本，未得見。

王蘧常《元和孫先生行狀》云："先生於學，諸子最爲專家，造述獨富。嘗謂諸子於古爲絶學，兩漢以還尠有涉其藩者,後儒且加掊擊,即有識者亦識其文字而已。欲爲之洒冤解惑("洒"即"洗"之本字,見《説文》),一發千年來之積蔀。其疏醳閎旨者爲《通誼》,其剽剥古賢者爲《通考》,其辨章同異者爲《要略》。又取《晏子》而下,在一篇之中挈其鉅綱、闡其大誼者爲《發微》,而綜其指於《通考》之《序》。"疑《諸子發微》即《諸子通考》内篇,"《晏子》"或爲"《莊子》"之誤。而所云"剽剥古賢者爲《通考》"乃《諸子通考》之外篇,似内外篇嘗分別爲二書。

孫德謙《莊子通考·序》云:"於是取《漢志》所載、爲今所未亡者,若荀、吕諸書,發明其一家之言,而究其大義。復爲提挈綱要,別立篇目,作《要略》一書……以總論者入《内篇》,專論者入《外篇》。"所云"荀、吕諸書""究其大義",即《諸子通誼》。所云"總論"、"專論",似内外篇體例頗有差異。然就《内篇》而言,其書篇題標作"諸子通考卷一"、"卷二"、"卷三",題下均標"内篇",書口標作"考一"、"考二"、"考三",又似《外篇》當接續作卷四起,内外篇合爲一體。

傳世又有《孫益菴諸子考内篇殘藳》抄本,鈐"益菴"朱文方印,内有《孟子》及《孔叢子》"子思年十六"、"孟軻問子思"等節。體例與刊本《諸子通考》内篇相近,而内容不見於今本,疑爲未定之餘稿。

其書無目録,以歷代有關於序録者爲經,頂格排。取歷代相關議論爲"附録",低一格排。皆加以案斷,標作"謙案"、"又案",低二格排,如經傳。間有雙行小字夾註。其體例可謂自爲經傳,原委清晰,雖"條理略遜"(胡適語),然自無妨於迭出精義。計卷一考《莊子·天下篇》、《尸子·廣澤篇》、《呂氏春秋·不二篇》、《荀子·非十二子篇》、太史談《論六家要指》、《淮南子·要略篇》、《史記·孟荀列傳》七篇。卷二考《史記·老莊申韓列傳》、《史記·管晏列傳》、班固《漢書·藝文志》(諸子略)、葛洪《抱朴子·百家篇》、劉晝《新論·九流篇》、《隋書·經籍志》、《文心雕龍·諸子篇》、韓淲《澗泉日記》、莊元臣《叔苴子·內篇》、焦竑《筆乘》、文震孟《諸子彙函》十一篇。卷三考《漢志·諸子略·儒家者流》、《漢志·諸子略·道家者流》、《漢志·諸子略·法家者流》三篇。全書共二十一篇。

孫氏子學皆自尊經出,雖倡言子學,而不離於四部。觀其《六經爲萬世治法其實行自漢始論》、《亞經諍義》及《中國四部書闡原》諸文可知。王蘧常謂"綜其指於《通考》之《序》",《元和孫先生行狀》大段引之,其說是也。今讀其《序》,所言凡有八義。《序》之首數句云:"《諸子通考》內外篇,爲古人洗寃、來學辨惑而作也",第一義。"夫諸子爲專家之業",第二義。"其人則皆思以捄世",第三義。"其言則無悖於經教",第四義。"讀其書者要在尚論其世",第五義。"又貴審乎所處之時",第六義。"而求其有用",第七義。"苟不知此數者,徒疏釋其章句,詮品其文辭,甚或愛之則附於儒術,憎之則擯爲異端,此丙部之學所以堙晦不明,受誣於千載,無有爲之表章者也",第八義。以下即次第疏解之(即太史談《論六家要指》之法)。按此八義即孫氏《通考》內外篇宗旨,亦即孫氏治諸子學之宗旨。

張上龢於元城詩贈孫德謙,有云:"古史無文苑,中壘九流析。不有周秦子,誰能繼六籍。"要之,經之與子,成則兩成,毁則兩毁。經子互證,源流互通,首尾兩立而不割裂,是爲得之。

(五)

《諸子通考》內篇三卷,據宣統二年庚戌江蘇存古學堂排印本標點整理。原書正文頂格,"附錄"低一格,今一律排爲大字。原書"謙案"低二格,今排爲小字。原書有雙行小字夾註,今排爲單行,以圓括號標識。原書有古字,皆不改。書中猶稱"我朝",而有缺筆避諱字,因排版不便,皆改正,不出校。原書無目錄,全書不分段,兹便閱讀,補排目錄,酌爲分段。

張京華

於湖南科技學院濂溪研究所

# 序

《諸子通考》内外篇，爲古人洗冤①、來學辨惑而作也。夫諸子爲專家之業，其人則皆思以捄世，其言則無悖於經教。讀其書者要在尚論其世，又貴審②乎所處之時，而求其有用。苟不知此數者，徒疏釋③其章句，詮品其文辭，甚或愛之則附於儒術，憎之則擯爲異端，此丙部之學所以堙晦不明，受誣於千載，無④有爲之表章者也。

往者三代盛時，學統於官，天下無私師，天下無私書。自周轍既東，王官失守，於是百家蠭作，各習所長，雖互相攻擊，立說或囿⑤一偏，實則持之有故，言之成理，皆以闡明其宗旨，歸於"不相爲謀"可矣。所謂專家者此也。

今夫春秋以後，周爲共主，天下相務於戰爭，而政異俗殊，人心變詐。故莊子任天，所以誅僭亂之君，欲以返諸皇古之治，而革其澆漓之習⑥。墨翟通權達變，其節用、非攻之說，苟善行之，可以救奢而却敵。

---

① "洗冤"，《亞洲學術雜誌》單篇本作"辨誣"。
② "審"，《國專月刊》所載《元和孫先生行狀》引作"案"，從古籀。
③ "釋"，《國專月刊》所載《元和孫先生行狀》引作"醳"，從古文。
④ "無"，《國專月刊》所載《元和孫先生行狀》引作"亡"。下同。
⑤ "囿"，《國專月刊》所載《元和孫先生行狀》誤作"宥"。
⑥ "澆漓之習"，《國專月刊》所載《元和孫先生行狀》誤倒作"澆之漓習"。

名、法家①崇實黜偽，信賞必罰，蓋深惡夫世主②之是非不辨、功罪不當者，而將以其道易之。蘇、張學於鬼谷子，歷說諸侯，取富貴於立談，儒者每鄙③之爲不足道，然禁攻息兵，天下稍免干戈之患，其功烈亦何可輕議？若夫管氏相齊，一匡九合；商君輔秦，國富兵强，非又成效卓著者乎？所謂捄世者此也。

雖然，有宋以來，尊經之儒觝排諸子，今謂無悖經教，將愛而不知其惡乎？非也。蓋無諸子而聖人之經尊，有諸子而聖人之道大。吾請試言其略：道家合於《易》之嗛嗛。"《易》以道陰陽"，子韋、鄒衍研深陰陽之理，蓋又通於《易》者也。墨家爲清廟之守，其尊天事鬼，出於祝宗，非禮官之支與乎④？法家之明罰敕法，固以佐禮義⑤之不及，然"《春秋》以道名分"，則申、韓之尊君卑臣，崇上抑下，其得《春秋》之學可知矣。從橫、小説，一則具專對之才，一則本采風之意，雖不無末流之弊，皆由《詩》教推而衍之者也。《班志》具在，必一切攘斥之，以爲離經畔道，是烏可哉！

---

① "名法家"，《國專月刊》所載《元和孫先生行狀》同，《亞洲學術雜誌》單篇本作"名家"。

② "夫世主"，《國專月刊》所載《元和孫先生行狀》引作"其主"。

③ "鄙"，《國專月刊》所載《元和孫先生行狀》誤作"圖"。

④ "與乎"，疑衍一字。《亞洲學術雜誌》單篇本作"與"，《國專月刊》所載《元和孫先生行狀》引作"派乎"。

⑤ "義"，《亞洲學術雜誌》單篇本同。《國專月刊》所載《元和孫先生行狀》引作"誼"，"義"、"誼"古今字。

抑聞之孟子之言曰:"誦其詩,讀其書,不知其人可乎?是以論其世也。"當七國時,上無天子,下無方伯,兵連禍結,民不聊生。道家則主清净①,墨家則尚儉約,名家則正名物,法家則重法術,縱横②家則聯合邦交以弭戎爲急。凡此皆因勢利導,所以爲經世之學也。

且夫天下事有及其時而方信者。鄒子九州之説,非古所詆爲荒誕者哉?乃至今日而其言始驗③。以此推之諸子道術,世有王通其人,必將曰:"如有用我,執此以往矣!"

嗚呼④!諸子者,實用之學也。彼不識時變者,猶且深閉而固距焉,豈不憒歟⑤!

余之從事於兹,歷有年所。始也析其異同已耳,久之而撮其恉意,觀其會通。於是取《漢志》所載、爲今所未亡者,若荀、吕諸書,發明其一家之言,而究其大義。復爲提挈⑥綱要,别立篇目,作《要略》一書,以

---

① "清净",《史記·老子列傳》作"清静"。
② "縱横",《國專月刊》所載《元和孫先生行狀》引作"從衡"。"縱"省作"從","横"假借爲"衡"。
③ "驗",《亞洲學術雜誌》單篇本作"驗",《國專月刊》所載《元和孫先生行狀》引作"譣"。段玉裁謂"譣"即"驗"之正字。
④ "嗚呼",《亞洲學術雜誌》單篇本同,《國專月刊》所載《元和孫先生行狀》引作"烏乎"。
⑤ "歟",《亞洲學術雜誌》單篇本同,《國專月刊》所載《元和孫先生行狀》引作"哉"。
⑥ "挈",《亞洲學術雜誌》單篇本誤作"絜"。

附彦和《文心》、知幾《史通》之後。既而思之:《六經》之晦也,俗儒亂之;百氏之衰也,異説誤之。遂將古今載籍廣爲網羅,以總論者入《内篇》,專論者入《外篇》。其是者①則引而伸之,其非者則辯而正之,譬諸武事,庶可以摧陷廓清也乎?友人張孟劬語予曰:"仲任《論衡》,中郎祕爲談助;子雲《太玄》,君山知其必傳。此書出而世當有好之者,盍公之天下?"於是不揣檮昧,爲書其大略於此。

歲在庚戌,元和孫德謙自叙②。

---

① "者",《亞洲學術雜誌》單篇本誤作"也"。
② 此《序》又單篇刊於孫德謙編輯之《亞洲學術雜誌》第一卷第一期,辛酉年八月出版,題爲《諸子通考序》,無署款。王蘧常《元和孫先生行狀》大段引之,兹亦據以互校。《行狀》初刊《國專月刊》第二卷第四期,又刊《學術世界》第一卷第八期,又刊《江蘇文獻》續編第一卷第七八合期,又題《清故貞士元和孫隘堪先生行狀》刊《四益宧駢文稿》卷首,又刊錢仲聯《廣清碑傳集》,又刊卞孝萱、唐文權《民國人物碑傳集》。兹用其最早爲《國專月刊》所載者。

# 目　録

出版弁言 ………………………………………… 1
序 ………………………………………………… 1
諸子通考卷一 …………………………………… 1
諸子通考卷二 …………………………………… 51
諸子通考卷三 …………………………………… 101

# 諸子通考卷一

## 内篇考一

### 《莊子·天下篇》

《莊子·天下篇》曰：天下之治方術者多矣，皆以其有爲不可加矣。古之所謂道術者，果惡乎在？曰：無乎不在。曰：神何由降？明何由出？聖有所生，王有所成，皆原於一。

不離於宗，謂之天人。不離於精，謂之神人。不離於真，謂之至人。以天爲宗，以德爲本，以道爲門，兆於變化，謂之聖人。以仁爲恩，以義爲理，以禮爲行，以樂爲和，薰然慈仁，謂之君子。以法爲分，以名爲表，以操爲驗，以稽爲決，其數一二三四是也，百官以此相齒。以事爲常，以衣食爲主，蕃息畜藏，老弱孤寡爲意，皆有以養，民之理也。

古之人其備乎！配神明，醇天地，育萬物，和天下，澤及百姓，明於本數，係於末度，六通四闢，小大精粗，其運無乎不在。其明而在數度者，舊法世傳之，史尚多有之。其在於《詩》《書》《禮》《樂》者，鄒魯之士、搢紳先生多能明之。《詩》以道志，《書》以道事，《禮》以道行，《樂》以道和，《易》以道陰陽，《春秋》以道名分。其數散於天下而設於中國者，百家之學時或稱而道之。天下大亂,賢聖不明,道德不一,天下多得一察焉以自好。譬如耳目鼻口,皆有所明,不能相通。猶百家衆技也,皆有所長,時有所用。雖然,不該不徧,一曲之士也。判天地之美,析萬物之理,察古人之全,寡能備於天地之美,稱神明之容。是故內聖外王之道,闇而不明,鬱而不發,天下之人各爲其所欲焉以自爲方。悲夫!百家往而不反,必不合矣!後世之學者不幸不見天地之純,古人之大體,道術將爲天下裂!

不侈於後世,不靡於萬物,不暉於數度,以繩墨自矯,而備世之急。古之道術有在於是者,墨翟、禽滑釐聞其風而悦之。爲之大過,已之大循。作爲《非樂》,命之曰《節用》。生不歌,死無服。墨子汜愛、兼利而非鬬,其道不怒。又好學而博不異,不與先王同,毁古之禮樂。黃帝有《咸池》,堯有《大章》,舜有《大韶》,禹有《大夏》,湯有《大濩》,文王有辟雍之樂,武王、周公作《武》。古之喪禮,貴賤有儀,上下有等。天子棺槨七重,諸侯①五重,大夫三重,士再重。今墨子獨生不歌,死不服,桐棺三寸而無槨,以爲法式。以此教人,恐不愛人;以此自行,固不愛己。未敗墨子道。雖然,歌而非歌,哭而非哭,樂而非樂,是果類乎?其生也勤,其死也薄,其道大觳。使人憂,使人悲,其行難爲也。恐其不可以爲聖人之道,反天下之心。天下不

---

① "侯",排印本誤作"候",徑改。

堪。墨子雖獨能任,奈天下何!離於天下,其去王也遠矣!墨子稱道曰:昔禹之湮洪水、決江河而通四夷、九州也,名山三百,支川三千,小者無數。禹親自操橐耜,而九雜天下之川。腓無胈,脛無毛,沐甚雨,櫛疾風,置萬國。禹,大聖也,而形勞天下也如此。使後世之墨者多以裘褐爲衣,以屨蹻爲服,日夜不休,以自苦爲極。曰:不能如此,非禹之道也,不足謂墨。相里勤之弟子,五侯之徒,南方之墨者若獲、已齒、鄧陵子之屬,俱誦《墨經》,而倍譎不同,相謂別墨。以堅白同異之辯相訾,以觭偶不仵之辭相應,以巨子爲聖人,皆願爲之尸,冀得爲其後世,至今不決。墨翟、禽滑釐之意則是,其行則非也。將使後世之墨者必自苦以腓無胈、脛無毛相進而已矣。亂之上也,治之下也。雖然,墨子真天下之好也,將求之不得也,雖枯槁不舍也,才士也夫!

不累於俗,不飾於物,不苟於人,不忮於衆,願天下之安寧以活民命。人我之養,畢足而止,以此白心。古之道術有在於是者,宋鈃、尹文聞其風而悅之。作爲華山之冠以自表,接萬物以別宥爲始。語心之容,命之曰心之行。以聏合驩,以調海内。請欲置之以爲主。見侮不辱,救民之鬬,禁攻寢兵,救世之戰。以此周行天下,上說下教。雖天下不取,强聒而不舍者也。故曰:上下見厭而强見也。雖然,其爲人太多,其自爲太少。曰:請欲固置五升之飯足矣。先生恐不得飽,弟子雖飢，不忘天下，日夜不休。曰：我必得活哉！圖傲乎救世之士哉！曰：君子不爲苛察，不以身假物。以爲無益於天下者，明之不如已也。以禁攻寢兵爲外，以情欲寡淺爲内。其小大精粗，其行適至是而止。

公而不黨，易而無私，決然無主，趣物而不兩。不顧於慮，不謀於知，於物無擇，與之俱往。古之道術有在於是者，彭蒙、田駢、慎到聞其風而悦之。齊萬物以爲首，曰：天能覆之而不能載之，地能載之而不能覆之，大道能包之而不能辯之。知萬物皆有所可、有所不可。故曰：選則不徧，教則不至，道則無遺者矣。是故慎到棄知去已，而緣不得已。泠汰於物，以爲道理。曰：知不知。將薄知而後鄰傷之者也。謑髁無任，而笑天下之尚賢也。縱脱無行，而非天下之大聖。椎拍輐斷，與物宛轉，舍是與非，苟可以免。不師知慮，不知前後，魏然而已矣。推而後行，曳而後往。若飄風之還，若羽之旋，若磨石之隧，全而無非，動靜無過，未嘗有罪。是何故？夫無知之物，無建已之患，無用知之累，動靜不離於理，是以終身無譽。故曰：至於若無知之物而已，無用賢聖。夫塊不失道。豪桀相與笑之曰：慎到之道，非生人之行，而至死人之理，適得怪焉。田駢亦然，學於彭蒙，得不教焉。彭蒙之師曰：古之道人，至於莫之是，莫之非而已矣。其風窢然，惡可而言？常反人，不聚觀，而不免於魭斷。其所謂道非道，而所言之韙不免於非。彭蒙、田駢、慎到不知道。雖然,檠乎皆嘗有聞者也。

以本爲精,以物爲粗,以有積爲不足,澹然獨與神明居。古之道術有在於是者,關尹①、老聃聞其風而悅之。建之以常無有,主之以太一。以濡弱謙下爲表,以空虛不毀萬物爲實。關尹曰:在己無居,形物自著。其動若水,其靜若鏡,其應若響。芴乎若亡,寂乎若清。同焉者和,得焉者失。未嘗先人而常隨人。老聃曰:知其雄,守其雌,爲天下谿;知其白,守其辱,爲天下谷。人皆取先,己獨取後,曰:受天下之垢。人皆取實,己獨取虛。無藏也故有餘,巋然而有餘。其行身也,徐而不費,無爲也而笑巧。人皆求福,己獨曲全。曰:苟免於咎。以深爲根,以約爲紀。曰:堅則毀矣,銳則挫矣。常寬容於物,不削於人,可謂至極。關尹、老聃乎! 古之博大真人哉!

寂漠無形,變化無常。死與生與,天地並與,神明往與。芒乎何之? 忽乎何適? 萬物畢羅,莫足以歸。古之道術有在於是者,莊周聞其風而悅之。以謬悠之說,荒唐之言,無端崖之辭,時恣縱而不儻,不以觭見之也。以天下爲沈濁不可與莊語,以卮言爲曼衍,以②重言爲真,以寓言爲廣。獨與天地精神往來,而不敖倪於萬物。不譴是非,以與世俗處。其書雖環

---

① "尹",排印本誤作"伊",逕改。
② "以",排印本誤作"易",逕改。

瑋，而連犿無傷也。其辭雖參差，而諔詭可觀。彼其充實不可以已，上與造物者游，而下與外死生、無終始者爲友。其於本也，弘大而闢，深閎而肆；其於宗也，可謂調適而上遂矣。雖然，其應於化而解於物也，其理不竭，其來不蛻，芒乎昧乎，未之盡者。

惠施多方，其書五車，其道舛駁，其言也不中。歷物之意曰：至大無外，謂之大一；至小無內，謂之小一。無厚，不可積也，其大千里。天與地卑，山與澤平。日方中方睨，物方生方死。大同而與小同異，此之謂小同異；萬物畢同畢異，此之謂大同異。南方無窮而有窮。今日適越而昔來。連環可解也。我知天下之中央，燕之北、越之南是也。氾愛萬物，天地一體也。惠施以此爲大，觀於天下而曉辯者，天下之辯者相與樂之。卵有毛。雞三足。郢有天下。犬可以爲羊。馬有卵。丁子有尾。火不熱。山出口。輪不碾地。目不見。指不至，至不絕。龜長於蛇。矩不方。規不可以爲圓。鑿不圍枘。飛鳥之景未嘗動也。鏃矢之疾而有不行不止之時。狗非犬。黃馬驪牛三。白狗黑。孤駒未嘗有母。一尺之棰，日取其半，萬世不竭。辯者以此與惠施相應，終身無窮。桓團、公孫龍辯者之徒，飾人之心，易人之意，能勝人之口，不能服人之心，辯者之囿也。惠施日以其知與人之辯，特與天下之辯者爲怪，此其柢也。然惠施之口談自以爲最賢，曰：天地其壯乎！施存雄而無術。南方有倚人焉，曰黃繚，

卷一　內篇考一　　　　　　　　　　7

問天地所以不墜不陷、風雨雷霆之故,惠施不辭而應,不慮而對,徧爲萬物説。説而不休,多而無已,猶以爲寡,益之以怪。以反人爲實,而欲以勝人爲名,是以與衆不適也。弱於德,強於物,其塗隩矣。由天地之道觀惠施之能,其猶一蚊一虻之勞者也,其於物也何庸?夫充一尚可,曰愈貴道,幾矣! 惠施不能以此自寧,散於萬物而不厭,卒以善辯爲名。惜乎! 惠施之才,駘蕩而不得,逐萬物而不反,是窮響以聲,形與影競走也,悲夫!

　　謙案:此篇論百家之術,可謂詳矣。其中墨翟、禽滑釐爲墨家,宋鈃爲小説家,尹文爲名家,彭蒙爲兵家,田駢爲道家,慎到爲法家,關尹、老聃、莊周爲道家,惠施、桓團、公孫龍爲名家。雖此數子據《漢書·藝文志》有今亡其書者,如彭蒙、田駢、惠施是;有並不著録者,如禽滑釐、桓團是,然諸家學術其源流得失備具於此,蓋莊子於書固無所不闚者也。

　　其曰"南方之墨者苦獲、已齒、鄧陵子之屬,俱誦《墨經》,而倍譎不同,相謂別墨,以堅白同異之辯相訾,以觭偶不仵之辭相應",此言名家原於墨,而《墨子》之中有《經》與《經説》,爲鄧陵一派所傳也。《韓子·顯學篇》稱墨子之後,墨分爲三,鄧陵氏在焉,則墨家之別爲名家,其自鄧陵始矣。近世推崇墨學,以《墨子》書有《經》上下、《經説》上下,謂係墨翟自著。於是有牽合於小學者,有附會於格致者,而豈知此四篇實皆名家之説,即《莊子》所云"別墨"者也。嘗考之《列子》,公子牟述公孫龍之言,有"影不移者,説在改",今《經》中載之,疑爲龍所作。其後再讀龍書,凡"堅白不相外","彼彼止於彼,此此止於此",均與《經》言相同,益疑之。顧《傳》有之曰:"雖善無徵,無徵不信。"此雖不必果出於龍,而篇中於墨家特著。相里勤之弟子、五侯之徒,並及其堅白同異之辯,則《經》及《經説》爲名家之術,而非即墨氏之正宗明甚。余嘗謂諸子之學不但異術百家,即一家之内亦有派别,蓋爲此也。

或曰:墨子一家别有流派,既聞命矣,其詳可得而言與? 曰:從横者,非一家之學乎? 而蘇秦則爲從矣,張儀則爲横矣。刑名法術亦一家之學也,不讀韓非書乎? 申子則用術矣,商子則用法矣。即如莊周,不與關尹、老聃同爲道家乎? 乃區之於二子之外,曰:"芴漠無形,變化無常。死與生與,天地並與,神明往與。芒乎何之? 忽乎何適? 萬物畢羅,莫足以歸。古之道術有在於是者,莊周聞其風而悦之。"是莊子於道家宗尚不同,自成一子者也。

不寧惟是,諸子之有派别,《易》所云"天下同歸而殊塗"是也。有各崇所長以明其指,而其源無不合者,即《易》所云"一致而百慮"是也。或曰:敢請其説? 曰:法家之商鞅以重農爲務,其書有墾草令,劉向《别録》云"《神農》二十篇",商君所説則通於農家者也。韓非子者,亦法家也,而有《解老》《喻老》二篇,《史記》列傳謂其"原道德之意",則通於道家者也。若尹文、慎到,非一爲名家,一爲法家乎? 觀於斯篇,尹文之"不累於俗,不飾於物,不苟於人,不忮於衆",則與小說家之宋鈃其道相同。慎到之"不顧於慮,不謀於知,於物無擇,與之俱往",則與兵家之彭蒙、道家之田駢可以相提並論。由是言之,諸子各異其家,而百慮者未嘗不一致也。是故治丙部者,於異同分合之間,苟非真知灼見,必不能通其學。不能通其學,而能讀其書者,有之乎?吾見亦罕矣。

雖然,是篇叙次百家,而並溯莊周者,何哉?將全書非周所作與?曰:奚獨周書,《晏子》紀歿後之事,《荀子》錄爲説之語,《管氏》稱桓公之謚,《韓非》列李斯之議,在諸子皆非自撰,若《莊子》一書,蓋亦爲其學者筆而記之耳。

且游文《六經》者,儒家之道也。莊子故曰:"其在於《詩》《書》《禮》《樂》者,鄒魯之士、搢紳先生多能明之。"然其言曰:"《詩》以道志,《書》以道事,《禮》以道行,《樂》以道和,《易》以道陰陽,《春秋》以道名分。"既已契其要旨矣,而於其後則謂"百家之學時或稱而道之",豈彼百家者亦深於經義者乎?曰:《班志·諸子略》云:"合其要歸,皆《六經》之支與流裔",劉彦和亦云:"述道言治,枝條《五經》"。則後儒屏諸子爲異端,而以爲離經畔道者,説不足信矣。

至莊子之學,雖剽剝儒墨,今歷辨百家而獨不數孔子者,斯固尊聖之顯然者也。昔人已先我言之,且有專篇別論,茲故略焉。


# 附録

王應麟《漢書藝文志考證》:西山真氏曰:莊生所

述諸子，墨翟、禽滑釐其一也，宋鈃、尹文其二也，彭蒙、田駢、慎到其三也，關尹、老聃其四也，莊周其五也，惠施其六也。異端之盛，莫甚於此時。

　　謙案："異端"之說，出於孔子。聖人之意，蓋謂道非一端，各有所受，不必伐異黨同，互相攻擊也。故曰："攻乎異端，斯害也已。"後人不明此義，以諸子專家之術，拒之吾儒之外，概以異端斥之，抑何所見之小哉？夫吾道一貫，聖人言之，是故老子則往而問禮矣，管子則許其如仁矣，儉以從衆，墨氏則受其業矣，(《淮南子》：墨翟受孔子之業。)白而不緇，公孫則傳其學矣。(《史記》："公孫龍爲堅白異同之辯"，索隱以龍爲孔子弟子。《論語》"不曰堅乎"、"不曰白乎"，當其説之所本。)此孔子之大，所以百家騰躍，終入環内者也。乃真氏以墨翟諸家盡目之曰異端，豈以儒家之道惟以尊經，而百家皆在所屏乎？不知無諸子而聖人之經固尊，有諸子而聖人之道益廣，又何必巧觝而深排哉！且墨子而下，以其時考之，有前乎莊子者矣，其言盛於此時，則亦非也。何則？《莊子·天下》一篇蓋詳叙學術之源流耳，非謂異端並起，極一時之盛也。世之儒者，毋拘西山之説而黜諸子爲異端可矣。

章學誠《校讎通義》：《六藝》之書與儒家之言，固當參觀於《儒林列傳》；道家、名家、墨家之書，則列傳而外，又當參觀於莊周《天下》之篇也。蓋司馬遷《叙傳》所推《六藝》宗旨，尚未究其流別，而莊周《天下》一篇，實爲諸家學術之權衡，著録家宜取法也。觀其首章列叙"舊法世傳之史"，與《詩》《書》《六藝》之文，則後世經史之大原也。其後叙及墨翟、禽滑釐之學，則墨支（墨翟弟子）、墨別（相里勤以下諸人）、墨言（"禹湮洪水"以下是也）、《墨經》（"苦獲、已齒、鄧陵子之屬皆誦《墨經》"是也），具有經緯條貫，較之劉、班著録，源委尤爲秩然，不啻《儒林列傳》之於《六藝略》也。宋鈃、尹文、田駢、慎到、關尹、老聃，以至惠施、公孫龍之屬，皆《諸子略》中道家、名家所互見，然則古人著書，苟欲推明大道，未有不辨諸家學術源流。著録雖始於劉、班，而義法實本於前古也。

謙案：《漢志·諸子》一略，其用互見之法者，如《公孫尼子》既入儒家，而雜家又録其一篇；道家有《伊尹》五十一篇、《鬻子》二十二篇，而雜家之中亦載兩家之説。此其重複互見，雖書有缺佚不傳者，無以考其分別部居之意，然執是以觀，則若者爲儒，若者爲道，固可以辨其家數，而諸子之同源異流於此蓋亦可悟矣。且古人有言曰書必博觀，章氏謂《列傳》而外當參觀於《莊子》是也。吾謂治諸子者，要當參觀於《史記》，何也？觀《管晏列傳》，則知脱越石於縲絏，薦御者爲大夫，皆晏子軼事，今本所載出於劉向編定，不必疑爲僞託；（近管異之據此二事斷爲六朝僞造，其説甚非，辨見後。）觀韓非本傳則知非之著書因睹韓國衰弱，不能斷之於法，於是發憤而作。

余撰《諸子要略》別著《參史》一篇,蓋欲讀其書者參觀而互得也。今故本章氏之言而略論之如此。

## 《尸子·廣澤篇》

《尸子·廣澤篇》:墨子貴兼,孔子貴公,皇子貴衷,田子貴均,列子貴虛,料子貴別囿。其學之相非也,數世矣而已,皆弇於私也。天、帝、后、皇、辟、公、弘、廓、宏、溥、介、純、夏、幠、冢、晊、昄,皆大也,十有餘名而實一也。若使兼、公、虛、均、衷、平易、別囿一實,則無相非也。

謙案:尸子之學,出於雜家。其書至宋已亡,今本爲近儒搜輯,雖不足窺其全,然雜家者流,"兼儒墨,合名法",通於衆家之意。此篇謂"若使兼、公、虛、均、衷、平易、別囿一實,則無相非也",則其意之所注在博采包舉,將以息百家之爭,真《漢志》所謂"見王治之無不貫"也。

且由其說而求之,孔子之道以公爲貴,固無論已;田駢之書雖已散佚,皇子、料子雖不載《班書·諸子略》,而讀《墨子》、《列子》者,其一以貴兼,一以貴虛,舍是固無以達其神恉矣。何也?墨子之學見於《魯問篇》者有曰:"凡入國,必擇務而從事焉。國家昏亂則語之尚賢、尚同,國家貧則語之節用、節葬,國家憙音湛湎則語之非樂、非命,國家淫僻無禮則語之尊天、事鬼,國家務奪侵凌則語之兼愛。"是其權時制宜,立言有當,洵足以備世之急者也。然其大要,一言以蔽之則"兼愛"而已矣。

《尚賢篇》曰："其爲政乎天下也，兼而愛之，從而利之。"《尚同篇》曰："凡使民尚同者，愛民不疾，民無可使者。曰：必疾愛而使之。"可知墨子之尚賢、尚同，即由兼愛之意引而伸之，觸類而長之者也。彼若"節用"諸語，苟本"兼愛"之說以撮其旨意，固無有不可通者。雖其出而經國順機利導，不囿於偏方之見，而兼愛者要其道之所貴也。孟子曰："墨子兼愛，摩頂放踵利天下爲之。"至窮其末流之失，則曰："墨氏兼愛，是無父也。"蓋惟墨子貴兼，而治其術者但守"兼愛"之言，不知別親疏，致有無父之弊也。然執是以譏墨子則非矣。

列子者，道家也，張湛序之曰："其書大略明群有以致虛爲宗，萬品以終滅爲驗，神惠以凝寂常全，想念以著物自喪，生覺與化夢等情。"若是，貴虛者誠《列子》全書之義也，而實則《尸子》已提其要矣。

雖然，其學相非，皆牽於私，尸子之爲是言，豈墨子而外各挾其私家之學，黨同妬眞而甘爲此嘵嘵之辨乎？曰：此尸子之觚排後學也，不然，孔子豈若此哉？昔荀子，儒家也，以子張、子夏、子游稱之爲賤儒。夫三子者，得聖道之一體，列德行之四科，荀子非不知之，其目之爲賤者，正以貶斥並世之辟儒耳。諸子之互相駁詰，不能從善服公，蓋亦數傳而後，循名失實者之過也。

或曰：儒墨並稱，昔人已議其非矣，今敘列諸子而以墨子爲冠，何其卑視孔子若斯乎？曰：雜家之術，綜貫百家。孔墨先後之分，非有意重輕之也。嘗謂治諸子者，必先辨其家數，乃能得其宗旨。若果得其宗旨，則自成一家者雖使立說不同，或與吾儒相異，不必與之細辨也。

況尸子之尊堯舜,論仁恕,不悖於儒,而又屢引孔子之言以闡其理乎?要之,斯篇之意在揭諸子之指歸,而雜家之所以博通衆家,於此蓋大可見矣。

## 《呂氏春秋·不二篇》

《呂氏春秋·不二篇》:七曰:聽群衆人議以治國,國危無日矣。何以知其然也?老耽貴柔,孔子貴仁,墨翟貴廉,關尹貴清,子列子貴虛,陳駢貴齊,陽生貴己,孫臏貴勢,王廖貴先,兒良貴後。有金鼓,所以一耳;必同法令,所以一心也;智者不得巧,愚者不得拙,所以一衆也;勇者不得先,懼者不得後,所以一力也。故一則治,異則亂;一則安,異則危。夫能齊萬物不同,愚智工拙皆盡力竭能如出乎一穴者,唯聖人矣乎!無術之智,不教之能,而恃強速貫習,不足以成也。

謙案:《呂氏春秋》者,雜家也。《漢志》於雜家云:"兼儒墨,合名法,知國體之有此,見王治之無不貫。"則其於儒、墨諸家兼收並蓄,固足見道之所包者廣矣。此篇以"不二"爲目,而其言曰:"一則治,異則亂;一則安,異則危",又足徵雜家之學在博貫衆家,欲以措之治道者也。然則後之論者,徒以其不名一家,而訾之爲駁雜,觀於《呂氏》可知其大不然矣。

雖然,其言"老耽貴柔"者何也?老子之術以卑柔爲主,《道德經》曰:"堅強者死之徒,柔弱者生之徒","強大處下,柔弱處上",又曰:"天下莫柔弱於水,而攻堅強者莫之能勝",豈非老子所貴在柔乎?(莊子論同,可參觀《天下篇》。)

其言"墨翟貴廉"者何也?墨子尚儉,其書有《節用》、《節葬》,皆以明儉約之義,則所貴在廉又斷可識矣。雖墨子宗旨備於《魯問》篇者,權時立言,不拘一術,而尸子則謂之"貴兼",《吕氏》則謂之"貴廉",似乎見仁見知,莫由適從矣;不知《史記》云"墨翟善守禦,爲節用",而莊周亦謂"使後世之墨者多以裘褐爲衣,以跂蹻爲服,日夜不休,以自苦爲極",則不韋"貴廉"之説,蓋又墨學之鉤玄提要也。

問者曰:關尹、列子同爲道家,乃一以貴清,一以貴虛,何所貴不同若此乎?豈諸子學術,一家之内果有派別與?曰:是也。列子之貴虛,《尸子》已言之。《關尹子》曰:"得道之清者莫能累",是自揭其恉之所在,以清爲本也。抑吾聞之《亢倉子》曰:"心平正不爲外物所誘曰清。"(《亢倉子》書《漢書》不載。)此雖不爲關尹言,而道家之清心寡慾,若關尹者,其宗尚不外乎是矣。且其下曰:"清而能久則明,明而能久則虛。"若是清虛之辨,而關、列異同之故又可考而知也。是故老耼而後,凡讀其書者苟循是以求之,在彼在此而有不可通者,未之前聞。何則?《吕氏》固已挈①其宏綱矣。

若夫論列諸子而首崇老耼者,非以抑我孔子也,雜家出於議官,與道家之秉要執本殊塗而同歸,則其託始老耼也,不亦宜哉?

---

① "挈",排印本誤作"絜",徑改。

又按：陳駢爲田駢，《漢志》列之道家，其書久亡。"陽生貴己"，即《孟子》所云"楊氏爲我"也。其餘孫臏、王廖、兒良皆爲兵家之學，而書缺有間，故存而不論云。

附錄

王應麟《困學紀聞》：《吕氏春秋》曰：老聃（原作耽）貴柔，孔子貴仁，墨翟貴廉，關尹貴清，列子貴虚，陳駢貴齊，陽朱（原作生）貴己，孫臏貴勢，王廖貴先，兒良貴後。荀子曰：慎子有見於後無見於先，老子有見於詘無見於信，墨子有見於齊無見於畸，宋子有見於少無見於多。墨子有見於齊，兼愛也。陽朱貴己，爲我也。《吕氏》以孔子列於老子之後，秦無儒故也。

謙案：雜家之術，折衷於道。《吕氏》之先老聃，此固家學使然，非以貶抑孔子也，余已闡明其義矣。王氏乃推原其故，歸於秦之無儒，豈遂足爲定論哉？夫焚書坑儒，千古詬病，然亦未考其實也。何則？夾漈鄭氏曰：陸賈，秦之巨儒；酈食其，秦之儒生；叔孫通，秦時以文學召，待詔博士。數歲，陳勝起，二世召諸儒生三十餘人而問其故，皆引《春秋》之義以對，是則秦時未嘗不用儒生與經學也。況叔孫通降漢時，自有弟子百餘人，齊魯之風亦未嘗替，故項羽既亡之後，而魯爲守節禮義之國，則知秦時未嘗廢儒，而始皇之所坑蓋一時議論不合者耳。由此觀之，王氏"無儒"之説則亦孟子所云"堯舜不勝其美，桀紂不勝其惡"是也（見《孟子》外書）。不但此也。

不韋之作《春秋》，固又徵集儒書，使各著其所聞（説本高誘），故聖人佚事視《魯論》爲尤詳，則其書雖合衆而成，而儒家亦與乎其閒，有斷然者矣。

又案：墨子宗旨，《吕氏》謂之"貴廉"，余以《史記》本傳但稱其"節用"，知其就尚儉言矣。或有謂余曰：《尸子》"貴兼"之説可以槩括墨學，若不韋之"貴廉"專指"節用"、"節葬"二端，不足統貫全書，"廉"蓋"兼"字之通假，盍一證之？（此友人張君孟劬説。）今考《周禮》："揉牙外不廉"，今本《考工·輪人》"廉"作"㡭"。《説文·食部》"鎌"篆下："一曰廉潔也。"《禾部》"稴"："讀若風廉之廉。"《爾雅·釋草》："蒹，薕"，郭注："江東呼爲薕蒹。"《詩》："蒹葭蒼蒼"，陸機疏："青徐人謂之薕。"則"廉"之與"兼"古必同聲通用。《吕氏》以墨子之道所貴在廉，殆與《尸子》無別也。爰補其義於此。

## 《荀子·非十二子篇》

《荀子·非十二子篇》：假今之世，飾邪説，文姦言，以梟亂天下，欺惑愚衆，矞宇嵬瑣，使天下混然不知是非治亂之所存者，有人矣。縱情性，安恣睢，禽獸之行，不足以合文通治；然而其持之有故，其言之成理，足以欺惑愚衆，是它囂、魏牟也。忍情性，綦谿利跂，苟以分異人爲高，不足以合大衆，明大分；然而其持之有故，其言之成理，足以欺惑愚衆，是陳仲、史鰌也。不知壹天下、建國家之權稱，上功用、大儉約而僈差等，曾不足以容辨異、縣君臣；然而其持之有故，其言之成理，足以欺惑愚衆，是墨翟、宋鈃也。尚法而無法，下修而好作，上則取聽於上，下則取從於俗，終日言成文典，及紃察之則偶然無所歸宿，不可以經國定分；然而其持之有故，其言之成理，足以欺惑愚衆，是慎到、田駢也。不法先王，不是禮義，而好治怪説，玩琦辭，甚察而不惠，辯而無用，多事而寡功，不可以爲治綱紀；然而其持之有故，其言之成理，足以欺惑愚衆，是惠施、鄧析也。略法先王而不知其統，猶然而材劇志大，聞見雜博，案往舊造説，謂之五行，甚僻違而無類，幽隱而無説，閉約而無解，案飾其辭而祇敬之曰："此真先君子之言也"，子思唱之，孟軻和之，世俗之溝猶瞀儒嚾嚾然不知其所非也，遂受而傳之，以爲仲尼、子游爲兹厚於後世，是則子思、孟軻之罪也。若夫總方略，齊言行，壹統類，而群天下之英傑，而告之以大古，教之以至順，奥窔之間，簟席之上，斂然聖王之文章具焉，佛然平世之俗起焉，則六説者不能入也，十二子者不能親也，無置錐之地而王公不能與之爭名，在一大夫之位則一君不能獨畜，一國不能獨容，成名況乎諸侯①，莫不願以爲臣，是聖人之不得執者也，仲尼、子弓是也。一天下，財萬物，長養人民，兼利天下，通達之屬莫不從服，六説者立息，十二子者遷化，則聖人之得執者，舜、禹是也。今夫仁人也，將何務

---

① "侯"，排印本誤作"候"，徑改。

哉？上則法舜、禹之制，下則法仲尼、子弓之義，以務息十二子之説，如是則天下之害除，仁人之事畢，聖王之跡著矣。

　　謙案：荀子之學一本於禮，《勸學篇》所謂"始乎誦經，終乎讀禮"，是其義也。後儒不知，以其性惡之説與此篇之非及思、孟，遂交口譏之。豈知性惡者，所以原制禮之意；貶黜諸家而並數思、孟者，亦懸禮以定之也。何以明其然哉？《禮論》曰："先王惡其亂也，故制禮義以分之"，是禮之興也，由於據亂而作矣。於《性惡篇》曰："誠以人之性固正理平治，則有惡用聖王？惡用禮義？"非謂性不皆善，而禮教不可不立乎？蓋荀子長於禮，禮者，事爲之制，曲爲之防，故其論性也歸之於惡，欲使人循循於禮法，不復率性而行耳。若不達其立言之恉，而以性惡爲非，真可謂不善讀書者矣。

　　然菲擯諸子，而謂其折衷於禮焉，則又何説？《勸學》有曰："《禮》之敬文也"，則它囂、魏牟之"縱情性，安恣睢"，"不足以合文通治"，可知其不合於禮矣。《非相篇》曰："辨莫大於分，分莫大於禮"，則陳仲、史鰌"以分異人爲高，不足以合大衆，明大分"，蓋又不合於禮者也。若墨翟以下，使非執禮以爲之衡，何以一則曰"不足以容辨異，縣君臣"，一則曰"不可以經國定分"，而於惠施、鄧析直稱其"不是禮義"乎？由是言之，荀子之於諸子，目之爲邪説姦言，實責其不通於禮，亦皦然易明矣。

　　雖然，子思、孟子俱爲儒家之學，豈又有不深於禮者乎？曰：諸子各有派別，一儒家也，而宗旨有不同者矣。

何則？子思二十二篇，其書已殘佚不全。孟子曰："諸侯①之禮，我未之學"，於周室班爵禄，又謂"其詳不可得聞"，乃其開宗明義則云："何必曰利？亦有仁義。"可見孟子之道主於仁義，而禮特其略焉者也。荀子之言曰："將原先王，本仁義，禮正其經緯蹊徑"，今於子思、孟子獨謂"略法先王而不知其統"，非以孟子明仁義而未知統貫於禮乎？故讀荀子者，苟識其宗旨而約之以禮，不第性惡之言非由憤激，而於十二子中兼及思、孟亦歸之不相爲謀可也，況其以禮爲斷與？不然，儒家之道始於堯、舜，備於孔子，其稱舜、禹、仲尼者，非儒家崇尚誠當若是耶？

且知人論世者，讀書之要道也。它囂而後，以吾考之，皆不與荀子同時。篇首謂"假今之世"，實以紬後之不善學者耳。觀於子張三子，鄙之爲賤儒，則子思、孟子亦必擯斥之者，荀子蓋詆毀世之溝猶瞀儒也。

抑聞之，長於此者必短於彼。諸子之不詳於禮，固蔽所見聞矣。荀子雖潤色儒業，務以息諸家之説，乃既言其欺惑愚衆矣，必曰"持之有故，言之成理"，然則古人爲學之方，博覽周知，非一切屏諸異端，遂以没其所長也。學者之於諸子，又奚容深閉而固距也哉！

又案：十二子中，思、孟爲儒家，惠施、鄧析則爲名家之術，至它囂、陳仲、史鰌不見於《漢志》者，固無論已；《羣輔録》於三墨云："此宋鈃、尹文之墨。"今《荀子》亦以墨與宋並稱，是足徵宋鈃雖小説家，而實通於墨也。若

---

① "侯"，排印本誤作"候"，徑改。

慎到之於田駢，《莊子》嘗合言之，吾已於前篇詳之矣，故不贅云。

## 附錄

《韓詩外傳》：夫當世之愚，飾邪説，文姦言，以亂天下，欺惑衆愚，使渾然不知是非治亂之所存者，則是范雎、魏牟、田文、莊周、慎到、田駢、墨翟、宋鈃、鄧析、惠施之徒也。此十子者，皆順非而澤，聞見雜博，然而不師上古，不法先王，按往舊造説，務而自功。道無所遇，二人相從。故曰：十子者之工説，説皆不足合大道，美風俗，治紀綱。然其持之各有故，言之皆有理，足以欺惑衆愚，交亂樸鄙，則是十子之罪也。若夫總方略，一統類，齊言行，群天下之英傑，告之以大道，教之以至順，奧窔之間，衽席之上，簡然聖王之文具，沛然平世之俗起，工説者不能入也，十子者不能親也，無置錐之地而王公不能與争名，則是聖人之未得志者也，仲尼是也，舜、禹是也。仁人將何務哉？上法舜、禹之制，下則仲尼之義，以務息十子之説，如是者仁人之事畢矣，天下之害除矣，聖人之迹著矣。《詩》曰："雨雪瀌瀌，見晛聿消。"

　　謙案：《外傳》一書，其説皆宗荀子。今本《非十二子篇》而無子思、孟子，並於它聊三子易之以范雎、田文、莊周，似有意去取之也，不知此特傳聞之異耳。蓋古人以口耳授受，不必親見其書也。不然，文義之間何亦與荀子迥乎有別哉？其得之傳聞，斷可知矣。

雖然，史遷有言曰："爲儒學者必絀老子，爲老子者必絀儒學"，則其引《詩》"見晛曰消"者，在韓氏之意，蓋謂聖人有作，彼十子之飾説文言必能歸之寂滅也。夫韓氏長於《詩》，諸家學術不盡闡明經義者，必一切屏除之，亦其宜矣。然遂謂諸子皆不足重，則未可也。昔漢武用董子之言，擯黜百家，表章六藝，豈不欲推崇聖道哉？乃今觀《春秋繁露》，凡陰陽、名、法，仲舒無不稱之，是知古之大儒雖以尊聖，而於異己者未嘗廢棄也。吾故於荀子之非駁諸家，既言其以禮爲衡，不欲掩人所長矣；今又爲此説者，俾知一家之中果欲推明其旨，於派別不同者無妨爲之辨詰也，況韓氏之列在儒林哉？

王應麟《困學紀聞》：荀卿《非十二子》，《韓詩外傳》引之止云十子，而無子思、孟子。愚謂荀卿非子思、孟子，蓋其門人如韓非、李斯之流託其師説以毀聖賢，當以《韓詩》爲正。

謙案：王氏此説尊信《韓詩》，而爲荀子辨誣，其意良足取矣。然荀子之非斥思、孟，由於宗旨之不同，而《韓詩》之止云十子，實出傳聞之異，伯厚固未見及此也。夫孟子法先王，荀子則曰法後王；孟子道性善，荀子則曰人性惡，此豈荀子有激而云，故於孟子相反哉？蓋同爲儒家，而宗旨不妨別出也。《勸學篇》學至乎禮而止，是荀子之書其大要一宗於禮矣。揚子《法言》曰："吾於孫卿，見同門而異户",可知荀、孟於儒家之中各行其是,無容伸彼而絀此也。若《韓詩》之不載思、孟者,當漢之初,孟、荀並稱,在韓氏亦記其所聞耳。不然,既從荀子之言,豈又恐乖背孟子,遂因而删削之乎?

雖然,王氏本諸《韓詩》而爲荀子辨其非,其心未嘗不是也,乃無所依據,必歸咎於韓非、李斯,此則所謂欲加之罪何患無辭耳。夫李斯之相秦也,專任刑法,彼特阿諛苟容以長君之惡,而於師説則悖道而馳,其人誠不足重矣。然《荀子》全書雖爲後人編録,此篇之非及思、孟,要不得謂李斯所增益也。

至韓非子者,其著書立説固見韓之卑弱,不務修明其法制,有爲而作,何嘗以訕謗聖賢爲事哉?即其中有詆及儒家者,誠以法家之道,綜核名實,儒者末流之弊往往空言無補,遂爲韓非所屏耳。且讀古人書,不貴知人論世乎?《史記》云:"韓非者,韓之諸公子。"夫以同姓之臣,傷宗社將亡,而推其衰亂之由在不能信賞必罰,則其明法者實皆經國之謨也。嘗觀其《存韓篇》,以爲入秦而後猶思有以保衞之,斯真愛國者之所爲。然則如非者,非韓之忠臣與?故讀其書者,苟知爲韓而作,則不敢輕肆譏彈矣。乃王氏不察其立言之意,鄉壁虚造,反爲之深文周内。甚矣,韓非之冤也!

## 太史談《論六家要指》

太史談《論六家要指》:《易大傳》:"天下一致而百慮,同歸而殊塗。"夫陰陽、儒、墨、名、法、道德,此務爲治者也,直所從言之異路,有省不省耳。

嘗竊觀陰陽之術，大祥而衆忌諱，使人拘而多所畏，然其序四時之大順，不可失也。儒者博而寡要，勞而少功，是以其事難盡從，然其序君臣父子之禮，列夫婦長幼之別，不可易也。墨者儉而難遵，是以其事不可徧循，然其強本節用，不可廢也。法家嚴而少恩，然其正君臣上下之分，不可改矣。名家使人儉而善失真，然其正名實，不可不察也。道家使人精神專一，動合無形，贍足萬物。其爲術也，因陰陽之大順，采儒、墨之善，撮名、法之要，與時遷移，應物變化，立俗施事，無所不宜。指約而易操，事少而功多。儒者則不然，以爲："人主，天下之儀表也，主倡而臣和，主先而臣隨。"如此則主勞而臣逸。至於大道之要，去健羨，絀聰明，釋此而任術。夫神大用則竭，形大勞則敝，形神騷動，欲與天地長久，非所聞也。

　夫陰陽、四時、八位、十二度、二十四節，各有教令，順之者昌，逆之者不死則亡，未必然也，故曰"使人拘而多畏"。夫春生、夏長、秋收、冬藏，此天道之大經也，弗順則無以爲天下綱紀，故曰"四時之大順，不可失也"。

　夫儒者以《六藝》爲法，《六藝》經傳以千萬數，累世不能通其學，當年不能究其禮，故曰"博而寡要，勞而少功"。若夫列君臣父子之禮，序夫婦長幼之別，雖百家弗能易也。

　墨者亦尚堯舜道，言其德行曰："堂高三尺，土階三等，茅茨不翦，采椽不刮，食土簋，啜土刑，糲粱之食，藜藿之羹，夏日葛衣，冬日鹿裘，其送死桐棺三寸，舉音不盡其哀，教喪禮必以此爲萬民之率。"使天下法若此，則尊卑無別也。夫世異時移，事業不必同，故曰"儉而難遵"。要曰強本節用，則人給家足之道也，此墨子之所長，雖百家弗能廢也。

法家不別親疏，不殊貴賤，一斷於法，則親親尊尊之恩絕矣，可以行一時之計，而不可長用也，故曰"嚴而少恩"。若尊主卑臣，明分職不得相踰越，雖百家弗能改也。

名家苛察繳繞，使人不得反其意，專決於名而失人情，故曰"使人儉而善失真"。若夫控名責實，參伍不失，此不可不察也。

道家無爲，又曰無不爲。其實易行，其辭難知。其術以虛無爲本，以因循爲用。無成勢，無常形，故能究萬物之情。不爲物先，不爲物後，故能爲萬物主。有法無法，因時爲業；有度無度，因物與合。故曰："聖人不朽，時變是守。"虛者，道之常也；因者，君之綱也。群臣並至，使各自明也。其實中其聲者謂之端，實不中其聲者謂之窾，窾言不聽，姦乃不生，賢不肖自分，白黑乃形，在所欲用耳，何事不成？乃合大道，混混冥冥，光耀天下，復反無名。凡人所生者神也，所託者形也。神大用則竭，形大勞則敝，形神離則死。死者不可復生，離者不可復反，故聖人重之。由是觀之，神者生之本也,形者生之具也,不先定其神形①,而曰我有以治天下,何由哉?

　　謙案:《隋志》云:"史官者,必求博聞强識、疏通知遠之士,使居其位,百官衆職咸所貳焉。是故前言往行無不識也,天文地理無不察也,人事之紀無不達也。"若是爲史官者,非閎覽博物之君子,蓋不足以當之矣。馬遷之作《史記》也,其自述著撰之意有云:"網羅天下放失舊聞,王迹所興,原始察終,見盛觀衰,論考之行事,略推三代,録秦漢,上記軒轅,下至於兹。"豈非博聞强識、疏通知遠之士哉?

　　雖然,遷固秉承家學者也。談之論列六家而以道爲主,《漢志》云:"道家者流,出於古之史官",則史必推本於道也明矣。夫史官之設,朸於皇帝,倉頡、沮誦,實居其職。老聃之在周也,又親爲柱下史。然則道家之稱"黄老",殆以史道在此乎? 談之言曰:"余先周室之太史,自上世常顯功名於虞夏,典天官事",又"學天官於唐都,習道論於黄子",則其辨析六家之旨,折衷道家,真史職所當然也。

　　今夫諸子之術各有蔽短,非後世所詆爲異端者乎? 乃談於陰陽家則曰"四時之大順,不可失也",於儒家則曰"列君臣父子之禮,序夫婦長幼之别,雖百家弗能廢",於墨家則曰"强本節用,人給家足之道",於法家則曰"尊主卑臣,明分職不得相踰越,百家弗能改",於名家則曰

---

① "形"字,據《漢書》補。

"控名責實,參伍不失,此不可不察",雖未嘗不指陳其弊,而能揭諸家之所長,其立説亦可謂公矣。

且彼六家者,談謂其"皆務爲治",此又可知古人爲學,未有不深明治道者也。是故陰陽一家,若子韋、鄒衍,雖書佚不傳,然其"敬順昊天,歷象日月星辰,敬授民時",斯固長於治術矣。儒家之荀、孟,所如不合,遂至退而著書,然觀於《晏子》,其治齊也,不愧"助人君,順陰陽,明教化"矣。《墨子·魯問篇》曰:"凡入國,必擇務而從事焉。國家昏亂則語之尚賢、尚同,國家貧則語之節用、節葬,國家憙音湛湎則語之非樂、非命,國家淫僻無禮則語之尊天、事鬼,國家務奪侵凌則語之兼愛。"是其通達經權,將以其道出而治世矣。法家一斷於法,其失也嚴刻少恩。劉向《別録》曰:"申子之學主於刑名者,循名以責實,尊君卑臣,崇上抑下。"宜其佐治昭侯,國富兵强,諸侯①不敢侵韓矣。若商鞅、韓非者,蓋又一則卓著成效,一則徒懷孤憤者也。名家之所存者,今不有《鄧析》、《尹文》與《公孫龍子》乎?昔子路問孔子曰:"衛君待子而爲政,子將奚先?"子曰:"必也正名。"則正名者,爲治國之首務矣。嗚呼!後之儒者不通於經世之學,方且仇視諸子而思一切放棄之,不亦慎乎!《淮南子》曰:"百川異源而皆歸於海,百家殊業而皆務於治",其知言哉!其知言哉!

又案:道家之中,其治行顯著者,若太公興周、管子霸齊皆是也。《鬻子》一書,或且疑爲僞造,不知道家者,

---

① "侯",排印本誤作"候",徑改。

君人南面之術。今觀其言曰："民者，積愚也。雖愚，明主撰吏焉，必使民興焉。""仁與信，和與道，帝王之器。""天地鬭而萬物生，萬物生而人爲政，無不能生而無殺。"又稱："禹、湯之治天下，皆以得賢爲務。"則鶡子明於君道，固非獨任清虛可以爲治者矣。老子者，周衰而作，曰："天下多忌諱，而民彌貧；民多利器，國家滋昏；人多伎巧，奇物滋起；法令滋彰，盜賊多有。""民之饑，以其上食稅之多，是以饑。民之難治，以其上之有爲，是以難治。"蓋有見末世紛更，君暗於上，民擾於下，此所以慕無爲之治也。其他若莊、列，若關尹，若鶡冠，雖有貴清、貴虛之別，言意、言用之分，其正本清源，崇實黜僞，苟以治理求之，皆恭己南面者所當取法也。豈後之謬附道家、專言長生之術、以蠱惑君心者，所可與之同語哉？

且道家之論養生也，蓋欲使爲人君者盡其年壽，無奪於聲色貨利以自賊其身而已。今曰不先定其神，治天下何由？然則君臨萬國，治亂所關，其可敝精勞神而不宗道家之學哉？

# 附錄

梁元帝《金樓子》：天下一致而百慮，同歸而殊塗。何者？夫儒者列君臣父子之禮，序夫婦長幼之別。墨者堂高三尺，土階三等，茅茨不剪，采椽不斵，冬日以鹿裘爲禮，盛暑以葛衣爲貴。法家不殊貴賤，不別親疏，嚴而少恩，所謂法也。名家苛察繳繞，檢而失真，是謂名也。道家虛無爲本，因循爲務，中原喪亂，實爲此風,何、鄧誅於前,裴、王滅於後,蓋爲此也。

　　謙案:梁元此文,説本史談。其以道家之學,謂爲"虛無爲本,因循爲務",蓋亦知六家之旨,秉要執本,不能不歸之於道。乃於何、鄧諸人所以被誅滅之故,推其原於此,則未識何、晏之徒,彼特學於道家而實失其真者耳。夫道家爲君人南面之術,其虛無、因循云者,固就君道言之。談之説曰:"虛者道之常,因者君之綱",蓋以爲人上者當清虛自守,少私寡欲;出而治民,又當因其好惡,以施政令,不可擅作威福,逆民之意,而自取覆亡也。乃後人不明此意,言虛無則入之玄妙,言因循則失之廢弛,於是放浪形骸,違背禮制,不但親受殺身之禍,並以亡人之國,若何、鄧數子皆其驗也,而道家豈任其咎哉?

　　夫諸子之中,其最亂者,莫如道家。始焉方士託之神仙(《漢志》神仙在方伎家),以求長生不死之術。三國以降,釋家竊其餘緒,而別立爲一幟。至符録之事出,又惑人於禍福,而去道滋遠矣。雖然,似是而非者,則以晉人清談爲尤甚。何則?典午之世,剖析元理,未嘗不依據道家;而浮文妨要,恥尚失所,遂使《老》《莊》之書所以爲治世之術,堙没而不得復顯者,皆何、鄧輩有以致之也。《傳》曰:"惡莠恐其亂苗",吾能無深惡之乎?而梁元反以爲道家之失,此則大謬不然者也。

《困學紀聞》:西山真氏曰:列儒者於陰陽、墨、名、法、道家之間,是爲儒者特六家之一爾。而不知儒者之道,無所不該。王道之所長,儒者皆有之,其短者吾道之所棄也。談之學本於黃老，故其論如此。

　　謙案：西山之説，以儒道甚大，無所不該，不當列之六家之一，其尊儒也，可謂至矣。然儒家之術，在後世言之，固尊無二上，當史談時，則尚未顯貴於世也。《史記·儒林列傳》曰："文帝本好刑名之言，及至孝景，不任儒者，而竇太后又好黃老之術，故諸博士具官待問，未有進者。""及竇太后崩，武安侯田蚡爲丞相，絀黃老、刑名百家之言，延文學儒者數百人。"由此觀之，其言"不任儒者"、"絀黃老、刑名百家之言"，豈非百家未絀之先，儒者不見任用，但與名、墨諸家同爲一家之學乎？孟子曰："誦其詩，讀其書，不知其人可乎？是以論其世也。"夫不能知人論世，而執後來之所見，肆力譏彈，此古書之所以多堙晦也。

　　且"通天地人曰儒"，今謂王道所長，儒者皆有其説，亦良是；特不知談之論次六家，各推其所長，以爲皆務於治，方以見古人爲學，不事空言，無不可措之世用。如西山意，將道、墨、陰陽必盡斥爲異端，而惟以尊儒乎？夫尊儒可也，尊儒而没諸家之所長，史談所不忍爲也。

　　若夫談之學本黃老，此蓋爲史官者所當如是，非宗尚黃老而遂以抑儒也。余已釋其義於前，故不贅云。

## 《淮南子·要略篇》

《淮南子·要略篇》：文王之時，紂爲天子，賦斂無度，殺戮無止，康梁沉湎，宮中成市。作爲炮烙之刑，剖諫者，剔孕婦，天下同心而苦之。文王四世纍善，修德行義，處岐①周之間，地方不過百里，天下二垂歸之。文王欲以卑弱制强暴，以爲天下去殘除賊而成王道，故太公之謀生焉。

文王業之而不卒，武王繼文王之業，用太公之謀，悉索薄賦，躬擐甲胄，以伐無道而討不義，誓師牧野，以踐天子之位。天下未定，海内未輯，武王欲昭文王之令德，使夷狄各以其賄來貢，遼遠未能至，故治三年之喪，殯文王於兩楹之間，以俟遠方。武王立三年而崩，成王在褓褓之中，未能用事，蔡叔、管叔輔公子禄父而欲爲亂。周公繼文王之業，持天子之政，以股肱周室，輔翼成王。懼爭道之不塞，臣下之危上也，故縱馬華山，放牛桃林，敗鼓折枹，搢笏而朝，以寧静王室，鎮撫諸侯。成王既壯，能從政事，周公受封於魯，以此移風易俗。孔子修成康之道，述周公之訓，以教七十子，使服其衣冠，修其篇籍，故儒者之學生焉。

墨子學儒者之業，受孔子之術，以爲其禮煩擾而不説，厚葬靡財而貧民，服傷生而害事，故背周道而用夏政。禹之時，天下大水。禹身執虆垂，以爲民先，剔河而道九歧，鑿江而通九路，辟五湖而定東海。當此之時，燒不暇撌，濡不給扢，死陵者葬陵，死澤者葬澤，故節財、薄葬、閑服生焉。

齊桓公之時，天子卑弱，諸侯力征，南夷北狄交伐

---

① "岐"，排印本誤作"歧"，逕改。

中國，中國之不絕如綫。齊國之地，東負海而北障河，地狹田少，而民多智巧。桓公憂中國之患，苦夷狄之亂，欲以存亡繼絕，崇天子之位，廣文武之業，故管子之書生焉。

齊景公內好聲色，外好狗馬，獵射亡歸，好色無辯，作爲路寢之臺，族鑄大鐘撞之庭下，郊雉皆呴，一朝用三千鐘贛，梁邱據、子家噲導於左右，故晏子之諫生焉。

晚世之時，六國諸侯谿異谷別，水絕山隔，各自治其境內，守其分地，握其權柄，擅其政令，下無方伯，上無天子，力征爭權，勝者爲右，恃連與國，約重致，剖信符，結遠援，以守其國家，持其社稷，故縱橫修短生焉。

申子者，韓昭釐之佐。韓，晉別國也，地墩民險，而介於大國之間，晉國之故禮未滅，韓國之新法重出，先君之令未收，後君之令又下，新故相反，前後相繆，百官背亂，不知所用，故刑名之書生焉。

秦國之俗，貪狼強力，寡義而趨利，可威以刑而不可化以善，可勸以賞而不可厲以名，被險而帶河，四塞以爲固，地利形便，畜積殷富，孝公欲以虎狼之勢而吞諸侯①，故商鞅之法生焉。

　　謙案：古人著書，皆以序列於後，若子長《史記》、叔

---

① "侯"，排印本誤作"候"，徑改。

重《説文》是也。此以《要略》名篇，詳敘其述作之意，故亦全書之序録也。今自太公以下，溯其緣起，又於諸家學術，明其爲經世之要圖，蓋淮南爲雜家，而百家之書靡不周覽，此所以能通衆家之旨也。

夫《太公》、《管子》，《漢志》次之道家。道家者，君人南面之術也，不此之察，疑其出於依託，詎知一則去殘除賊，佐文王以興周，一則存亡繼絶，相桓公以霸齊，斯可見道家一流長於治道，非後之神仙所可同年而語矣。（神仙家《班志》入之《方伎略》。）

儒家之備於周，孔人固無不知之，然其言曰："周公受封於魯，以此移風易俗"，而於孔子則謂"述周公之訓，以教七十子，使服其衣冠，修其篇籍"，豈儒學之興實始於魯乎？昔韓起聘魯而觀書，（《左傳》："韓宣子觀書於太史氏，見《易象》與《魯春秋》。"是此二經晉所未有。）季札適魯而聞樂，是東周以後，天子失官，諸侯各異其政教，惟魯則經籍獨存，故曰"猶秉周禮"。且《莊子》有云："其在《詩》《書》《禮》《樂》，鄒魯之士、搢紳先生多能明之"，豈非孔子删定《六經》，傳其業者僅在魯之儒生乎？不然，車服、禮器，馬遷何爲必於魯觀之哉？

墨子之用夏政，《莊》、《列》嘗言之矣。（《莊子》説見《天下篇》。《列子》引禽子曰："以吾言問大禹、墨翟，則吾言當矣。"）蓋禹之菲飲食，惡衣服，其道尚儉，誠墨氏之所宗也。雖學儒者之業，受孔子之術，今無可考，然儒家祖述堯舜，憲章文武，墨子亦屢稱之，（太史談《六家要指》云："墨者亦尚堯舜道。"今其書言"堯、舜、禹、湯、文、武"者六，言"禹、湯、文、武"者四，"文王"者三。）則未嘗不通於儒矣。且禽滑釐學於子夏（見《史記·儒林傳》）。孔子曰："禮，與其奢焉，甯儉。"又曰："節用而愛人。"謂之受術孔子，淮南去古未遠，殆必有所據矣。

晏子者，儒家也。其直言極諫，所以捄景公之僭侈，真儒家之"助人君，順陰陽，明教化"也（說本《班志》）。嘗謂儒家之中不有晏子，幾使空言無實者皆得強附於儒林，有晏子而後儒家乃足貴耳。抑淮南以晏子之諫別載墨子之後，而後之文人以爲是齊之墨者所作，可知其必不然矣。夫《晏子》七篇，編於劉向，其始則錄於史官。何以識其然哉？齊有太史，一時諫諍之言，必削簡而記之。目之爲《春秋》者，蓋爲齊之實錄也。《墨子·明鬼篇》曰："著在齊之《春秋》"，豈謂此耶？

若申商者，非後人所深斥乎？雖《申子》二篇今已亡佚，史本傳稱其"國治兵強，無侵韓者"，階是而觀，與人家國，至於強敵不敢侵，功亦偉矣。商鞅之輔秦也，不免失之武健嚴酷，然其變法者，變秦之法耳，當時甘龍辨之曰："不循秦國之故，更禮以教民"，非以其不能遵用秦制乎？且武侯治蜀，信賞必罰，一本法家，嘗曰："《商君書》益人意志"，蓋秦蜀相近，民俗強悍，而法律不得不重也。今謂"可威以刑而不可化以善，可勸以賞而不可厲以名"，然則鞅之立法，其亦相地設宜乎？

縱橫修短者，張儀、蘇秦之所長也。其書不傳久矣，揚子《法言》曰："儀、秦學乎鬼谷術，習乎縱橫言，安中國者各十餘年。"蓋周之末季，力征相尚，儀、秦以弭兵爲務，卒使天下民生稍紓其戰爭之患，此其勳烈亦何可沒哉？考之《隋書·經籍志》，縱橫一家原於古之掌交，吾謂今之膚使果具其專對之才，以與列國締歡而隱消其禍亂，則儀、秦之口舌立功洵持急扶傾之道也，而又可鄙夷之乎？

雖然，儒、墨、道、法與夫縱橫之學，淮南論之詳矣，而陰陽、小說猶有遺之者，將彼不足重與？曰：《易》有之："書不盡言。"觀其下云"非循一迹之路，守一隅之指"，是自明其權事立制，度形施宜，不若諸家之拘於偏端也。況即此數家，上始文王，下終強秦，而姬周一代之學案已備於是乎！

《史記·孟荀列傳》：太史公曰：余讀孟子書，至梁惠王問"何以利吾國"，未嘗不廢書而歎也。曰：嗟乎！利誠亂之始也。夫子罕言利者，常防其原也。故曰："放於利而行，多怨。"自天子至於庶人，好利之弊何以異哉？

孟軻，騶人也，受業子思之門人。道既通，游事齊宣王，宣王不能用。適梁，梁惠王不果所言，則見以爲迂遠而闊於事情。當是之時，秦用商君，富國強兵，楚、魏用吳起，戰勝弱敵，齊威王、宣王用孫子、田忌之徒，而諸侯東面朝齊。天下方務於合縱連橫，以攻伐爲賢，而孟軻乃述唐虞三代之德，是以所如者不合。退而與萬章之徒序《詩》《書》，述仲尼之意，作《孟子》七篇。

其後有騶子之屬。齊有三騶子，其前騶忌，以鼓琴干威王，因及國政，封爲成侯，而受相印，先孟子。

其次騶衍，後孟子。騶衍睹有國者益淫侈，不能尚德，若大雅整之，施及黎庶矣。乃深觀陰陽消息，而作怪迂之變，《終始》、《大聖》之篇十餘萬言。其語閎大不經，必先驗小物，推而大之，至於無垠；先序今，以上至黃帝，學者所共術，大並世盛衰，因載其禨祥度制，推而遠之，至天地未生，窈冥不可考而原也；先列中國名山大川通谷禽獸，水土所殖，物類所珍，因而推之，及海外之所不能睹，稱引天地剖判以來，五德轉移，治各有宜，而符應若茲。以爲儒者所謂中國者，於天下乃八十一分居其一分耳。中國名曰赤縣神州，赤縣神州内自有九州，禹之序九州是也，不得爲州數。中國外如赤縣神州者九，乃所謂九州也。於是有裨海環之，人民禽獸莫能相通者，如一區中者乃謂一州，如此者九，乃有大瀛海環其外，天地之際焉。其術皆此類也。然要其歸，必止乎仁義節儉，君臣上下六親之施，始也濫耳。王公大人初見其術，懼然顧化。其後不能行之。

是以騶子重於齊。適梁，惠王郊迎，執賓主之禮。適趙，平原君側行撇席。如燕，昭王擁彗先驅，請列弟子之座而受業，築碣石宫，身親往師之，作《主運》。其游諸侯見尊禮如此，豈與仲尼菜色陳蔡、孟軻困於齊梁同乎哉？故武王以仁義伐紂而王，伯夷餓不食周粟，衛靈公問陳而孔子不答，梁惠王謀欲攻趙，孟軻稱太王去邠，此豈有意阿世俗苟合而已哉？持方柄欲内圓鑿，其能入乎？或曰：伊尹負鼎而勉湯以王，百里奚飯牛車下而繆公用霸，作先合然後引之大道。騶衍其言雖不軌，儻亦有牛鼎之意乎？

自騶衍與齊之稷下先生，如淳于髡、慎到、環淵、接子、田駢、騶奭之徒，各著書言治亂之事，以干世主，豈可勝道哉？

淳于髡，齊人也。博聞強記，學無所主。其諫説，慕晏嬰之爲人也，然而承意觀色爲務。客有見髡於梁惠王，惠王屏左右，獨坐而再見之，終無言也。惠王怪之，以讓客曰："子之稱淳于先生，管、晏①不及，及見寡人，寡人未有得也。豈寡人不足爲言耶？何故哉？"客以謂髡，髡曰："固也。吾前見王，王志在驅逐；後復見王，王志在音聲。吾是以默然。"客具以報王，王大駭曰："嗟乎！淳于先生誠聖人也！前淳于先生之來，人有獻善馬者，寡人未及視，會先生至。後先生之來，人有獻謳者，未及試，亦會先生來。寡人雖屏人，然私心在彼有之。"後淳于髡見，壹語連三日三夜無倦。惠王欲以卿相位待之，髡因謝去，於是送以安車駕駟，束帛加璧，黃金百鎰。終身不仕。

慎到，趙人。田駢、接子，齊人。環淵，楚人。皆學黃老道德之術，因發明序其指意。故慎到著十二論，環淵著上下篇，而田駢、接子皆有所論焉。

---

① "晏"，排印本誤作"燕"，徑改。

騶奭者,齊諸騶子,亦頗①采騶衍之術以紀文,於是齊王嘉之。

自如淳于髡以下,皆曰列大夫,爲開第康莊之衢,高門大屋,尊寵之。覽天下諸侯賓客,言齊能致天下賢士也。

荀卿,趙人。年十五始來游學於齊。騶衍之術迂大而閎辯,奭也文具難施,淳于髡久與處時有得善言,故齊人頌曰:"談天衍,雕龍奭,炙轂過髡。"田駢之屬皆已死齊襄王時,而荀卿最②爲老師。齊尚修列大夫之缺,而荀卿三爲祭酒焉。齊人或讒荀卿,荀卿乃適楚,而春申君以爲蘭陵令。春申君死而荀卿廢,因家蘭陵。李斯嘗爲弟子,已而相秦。荀卿嫉世之政,亡國亂君相屬,不遂大道而營於巫祝,信機祥,鄙儒小拘,如莊周等又滑稽亂俗,於是推儒、墨、道德之行事興壞,序列著數萬言而卒。因葬蘭陵。

而趙亦有公孫龍,爲堅白同異之辯,劇子之言。魏有李悝,盡地力之教。楚有尸子、長盧,阿之吁子焉。自如孟子至於吁子,世多有其書,故不論其傳云。

蓋墨翟,宋之大夫,善守禦,爲節用。或曰並孔子時,或曰在其後。

---

① "頗",排印本誤作"頓",逕改。
② "荀卿最",排印本誤倒作"荀最卿",逕改。

謙案:《史記》此傳彌綸一代,蓋爲戰國諸子傳其家學也。是故孟、荀、吁子(《漢志》作芋子)則儒家也,鄒衍、鄒奭在陰陽家也,慎到、李悝、劇子(《漢志》作處子)則法家也,田駢、環淵、接子、長盧則道家也,公孫龍子則名家也,尸子則雜家也,墨翟則墨家也。合之一傳,獨以《孟荀》標題者,乃馬遷之尊儒也。

夫儒家之當尊,固不待言矣,然時勢要不可不審也。《傳》曰:"天下方務於合從連橫,以攻伐爲賢,孟某述唐虞三代之德,是以所如不合。"又曰:"此豈有意阿世俗苟合?持方柄內圓鑿其能入乎?"斯言也,豈非薄孟子哉?蓋以學貴識時而已。夫孟子祖述堯舜,憲章文武,其守先待後,誠儒道之最高者也。乃歷聘周流,不能見用於世者,非其言之不美也;當戰爭之世,兵連禍結,欲以儒術行之,則不免迂闊之誚矣。吾觀後之儒者,處亂離之際,猶且高談仁義,陳說《詩》《書》焉,詎非不達時變者乎?嘗譬之醫家之治病也,先在於原診;兵家之行軍也,先在於料敵。爲儒家者,不知時非所尚,而思以其道濟之,真所謂南轅而北轍者也。

夫天下有治世之學術,有亂世之學術。余之表章諸子也,蓋以百家學術皆以救時爲主,世之亂也則當取而用之耳。或問曰:何謂也?對曰:名家辨名實,事之不稱於名者,可用鄧析、尹文之說以定其是非矣。法家重法律,人之有背於法者,可用商鞅、韓非之說以行其賞罰矣。返樸歸真,取道家之清淨,則浮文不至妨要矣。強本節用,取墨家之儉約,則虛靡有所底止矣。縱橫家者,古之掌交也;《鬼谷子》一書,所以明交鄰之道。而使於四方者，果能扼山川之險要，察士卒之强弱，識人民之多寡，辨君相之賢愚，沈機觀變，以銷禍患於無形，則張儀、蘇秦其各安中國至於十餘年之久者，不難繼其功烈矣。凡此數者，皆急則治標之義也。苟非其時，盡擯諸吾儒之外，奚不可哉？

然而諸子之術有時而可用，若儒家者，使非遇乎其時，則亦有爲世所病，不能拘守一説者也。劉子《新論·隨時篇》曰："以孟某之仁義，論太王之去邠，而不合於世用；以商鞅之淺薄，行刻削之苛法，而反以成治。非仁義之不可行，而刻削之爲美，由於淳澆異跡，而政教宜殊，當合從之代，而仁義未可全行也。"然則以鄒衍之顯於諸侯，能得牛鼎之意，孟子之本仁祖義，而所如不合者，殆未能度時而通權乎！

且古人立言，又有至其時而方驗者。鄒子九州之説，自漢以來莫不黜爲荒誕矣，及至今日而人始信之。夫天下之理無窮，一人之智有限，必以耳目所不知，概從而鄙夷之，此則管闚之陋也。故諸子匡時之略，苟有志治平者，亦用以戡亂可矣。

雖然，吾於慎到、墨翟，而又知《史記》之必當參觀也。何則？慎到者，非法家乎？今所未亡者五篇耳，其《威德篇》"聖人無事"之語，彼蓋以人君在上，但宜執法任數，不必侵官而治也。夫無事者，道家無爲之旨也。遷謂其學"黄老道德之術"，則慎子實通於道家矣。《墨子》之書，《漢志》列之墨家，是已，乃隨巢、胡非皆其弟子，而反居墨子之先，可見其書晚出也。不然，遷博極群書，於本傳一則曰"自鄒衍之徒，各著書言治亂之事"，一則曰"自如孟子至於吁子,世多有其書",何於墨子則獨不言乎?是龍門作史時,未必見《墨子》書也。近人以《經》上下四篇謂出墨翟自撰,因名之爲"經",而豈知墨子亦期行其道耳,曷嘗以著述爲榮哉?觀於《史記》,則《墨子》者爲後人所編録明矣。(《經》上下與《經説》上下實皆名家之説。)且子長之作史也,皆有所本,故《自序》曰:"述故事,整齊其世傳。"今於墨翟則稱"其傳云"者,是翟固久有爲之作傳者也。《伯夷列傳》曰:"其傳云:伯夷、叔齊,孤竹君之二子。"舉彼以例此,則墨子之傳遷亦整齊之耳。

或曰:孟、荀皆闢墨著也,今不别著一傳而合之《孟荀》,方以類聚,豈若此乎?曰:此傳之作,蓋爲戰國一代家學記之,况非攻、尚儉,爲墨氏之所長,舊傳美其善守禦、爲節用,又深知墨學者乎!然通叙諸子而以《孟荀》爲目者,則固史公之尊儒也。

又案:《史記》謂淳于髡"著書言治亂",是髡固有志立言矣,乃其書不載於《班志》者,蓋至漢而已亡佚不傳也。夫髡之爲學雖無可考,以吾觀之,殆近於雜家。何以知其然哉?遷曰:"慕晏嬰之爲人",晏子則儒家也。其見於《孟子》者,有曰"先名實者爲人,後名實者自爲",此則名家之恉也。《吕氏春秋》云:"齊人有淳于髡者,以從説魏王,魏王辯之,約車十乘,將使之荆。辭而行,有以横説魏王,魏王乃止其行。"可知髡又通乎從横家矣。至《史》之入《滑稽傳》,則又小説家之道聽塗説也。本傳謂髡"博聞强識,學無所主",非不守一家,而實爲雜家之術乎!

## 附録

戴表元《孟子荀卿列傳論》曰：古之君子，其學爲己也，而不專乎爲己。蓋其得之也有餘，則推以與人也不患於不足；成之也勞，則其事傳之於久而無弊。孔孟之道自堯、舜、禹、湯、文、武、周公以來，莫之能尚也。惟其抱堯、舜、禹、湯、文、武、周公之道而不著於用，故鬱勃湮積於當時，而卒能徐出而大暢之，以及於百千萬世之遠。自其及門弟子既皆身被其傳以立於世，又自諸子各有所傳。然受之淺深而行之久近，有不能以皆善，而要其大歸，苟出自孔氏之傳者，至其極衰大壞，猶賢於他氏萬萬也。何也？孔氏之道可遠可近，可約可博，非若他氏淫污辨雜以爲通，誕神僻異以爲高也。學他氏者，於己不必誠，而常懼於無以徇人；學孔氏者，進可以及人，而退亦不自辱其在己者也。故學孔氏者近勞，而什有八九焉不失爲君子；學他氏者近佚，而什有一焉不免陷於小人。孟子、荀卿之於鄒子、淳于、尸子、長盧屬是也。自夫孔氏既没，世亂道微，生民之命懸於談兵説利之口者若干年，而子思之學再傳而爲孟子，子弓亦一傳而得荀卿。荀卿之學未知出於子弓何如也，而孟子於子思有光矣。夫當孔子之時，諸子不棄其師之窮，相與追隨馳逐列國之郊，羈愁困餓而不忍去，一時能言之士，與夫非詆孔氏而不爲其學者，聲華氣勢，計當十百過之，訖無所據託，而獨孔氏師友一綫之傳屹然不墜，以爲儒者折衷，非止鄒子、淳于之徒不可度絜短長而已耳。自是而降，諸子愈散，其荀卿之學亦一傳而謬天下，異端曲說愈熾於鄒子、淳于之徒，而孟子之所著書遂與諸子之書之可傳者共扶孔氏，以至于①今日。由此言之，孔子之道，世治則與之俱治，世亂則不與之俱亂，自古至今，固未嘗一日廢，而學何其勞而孤也！世言太史公不知孔子，吾讀《孟子荀卿列傳》，亦粲然知所趣舍哉！

　　謙案：孔子之道自漢以降，始大明於天下。在七雄之世，使無孟子、荀子爲之興衰起滯，則聖道或幾乎熄矣。是故孟、荀二子宗旨雖不同，而其衛道則一也。後世尊孟而抑荀，往往彈擊荀了不遺餘力。戴氏謂之"一傳而謬"，豈以李斯、韓非俱學於荀子，不遵儒術，而書出於法乎？不知李斯之用法也，特以順上之所好而苟合取容，非荀子傳之過也。若韓非者，以國法不明，漸及於亡，於是思信賞必罰以救時之弊，曷嘗有悖乎師傳哉？王充《論衡》曰："韓國不削弱，韓非之書不著。"是非之所以重法者，特爲韓而作耳。爲韓而作，則荀子一傳而後，非有若是之謬誤也明矣。夫《六經》之傳，俱由荀子，故西漢通經之士若申公、賈誼，皆得荀子之傳者。（說詳《述學》。）則荀子之學且流傳寖遠焉，何至一傳而遽失其真哉？

---

① "于"，排印本誤作"由"，據《剡源集》改。

抑吾嘗讀《論語》矣,子謂子夏曰:"女爲君子儒,無爲小人儒。"然則儒家之中,在孔子時已有君子、小人之別矣。今謂學孔氏者不失爲君子,學他氏者不免陷於小人,在戴氏之意非斥百氏,以爲孔子之道學焉而必無蔽失,其説是也。然君子、小人之分,孔子之所以告子夏者將何解耶?昔有明之季,講理學者聚徒授受,其始焉從之者皆君子,及其久也,何以小人亦附乎其中?

　　吾又見後之儒者,湛深經術,自列於君子之林;及考其心術,卑污苟賤,無所不至,有比小人而更甚者。如此而謂學孔氏者必爲君子,吾不敢信也。今夫諸子之術,其與孔子度長絜短,固不可同年而語矣,然無諸子而聖人之道尊,有諸子而聖人之道益大。何也?試譬之:孔子,君道也;諸子,百官也。爲君上者苟無百官守職,各任其事,將天下可以獨治乎?故攻百家者,誠使達乎此指,則不復以鄒子之徒詆爲異端曲説矣。班固曰:"修《六藝》之文,以觀此九家之言,可以通萬方之略",真知言哉!且誦《詩》讀《書》,而不能知人論世者,孟子所惡也。戴氏云:"世亂道微,生民之命懸於談兵説利之口者若干年。"夫既知世亂道微矣,苟有人焉,出而展其經濟,使之國富兵強,此其功業亦何可企哉?吾故謂世至衰亂,必先取諸子之道以扶急持傾,然後宗師孔孟,承其弊以補其偏,如是則諸子不容鄙棄,而爲儒家者亦不受無用之誚矣。雖然,要在審時而已。彼戴氏者烏足以知之?

**柯維騏曰**:荀卿著書詆訾孟子、子思,又以堯、舜爲僞，人性爲惡，此其學術弗醇，不得與孟子並也。太史公序傳雖舉並論，然其傳中所敘，推尊孟子與孔子同，而斷其異於談說之阿世取榮者，至叙荀卿乃以繼以談說之士之後，且抑之曰：齊襄王時"荀卿最爲老師"，則孟、荀優劣較然矣。唐韓愈氏作《進學解》，並稱"二儒"，優入聖域，非定論也。

　　謙案：荀、孟並稱，自唐以前莫不如此。至宋而孟子列於《四書》，於是以孟子配孔子，而荀卿遂不得並於孟子矣。不知此特學術顯晦之分，豈荀子之學果由不能醇正而與孟子有優劣哉？《儒林傳》曰："孟某、荀卿咸遵夫子之業而潤色之"，劉向《別錄》曰："唯孟某、荀卿爲能尊仲尼"，是荀子與孟子宗師聖人，故同爲儒家之術，非有優劣於其間也。但孟子長於《詩》《書》，荀子長於《禮》，其宗旨有不同耳。揚子《法言》故曰："吾於荀卿見同門而異戶。"

　　若其論性而以堯、舜爲僞，人性爲惡，此固探本禮教，而謂人性之善必待禮義而能化也。《性惡》篇曰："從人之性，順人之情，必出於爭奪，合於犯分亂理，而歸於暴。故必將有師法之化，禮義之道，然後出於辭讓，合於文理，而歸於治。"豈非性惡之說所以明禮義之可貴乎？且其言口："不可學、不可事而在人者，謂之性；可學而能、可事而成之在人者，謂之僞。是性、僞之分。"彼且自爲辨白，而後人不知，誤解爲真僞之僞，遂致其說不可通矣。

至史公之叙荀卿繼之鄒衍以後，乃以年代相懸，荀子之生至晚，此《遷史》之所以爲實錄也。不然，既稱"荀卿最爲老師"，而其上何必曰"田駢之屬皆已死"乎？蓋謂齊襄王時田駢諸家已亡，而荀子生於其後，遂爲老師也，何足見優劣之判哉？況此傳之作，通論一代學術，子長於鄒衍數子尚無貶抑之辭，以《孟荀》名篇，方且尊尚儒家，可謂其優孟而劣荀乎？

夫群經之傳，均出荀子（説見《述學》），其有功聖門甚大。楊倞《序》曰："周公制作之，仲尼祖述之，荀、孟贊成之。"在古人極力以表章，而柯氏乃於昌黎之説，並其是者而亦疑之，不特不善讀史書，實有意毀我荀子矣，不亦謬哉！

方苞《書孟子荀卿傳後》：鄒衍以下十一人錯出《孟子荀卿傳》，若無倫次，及推其意義，然後知其不苟然也。蓋戰國時，守孔子之道而不志乎利者，孟子一人耳，其次惟荀卿，而少駮矣。故首論商鞅、吳起、田忌，以及縱橫之徒，著仁義所由充塞也。自鄒衍至鄒奭，説猶近正，而著書以干世主爲志，則已務於功利矣。其序荀卿於衍奭諸人後者，非獨以時相次也；荀卿之學雖不能無駮，而著書則非以干世，所以別之於衍、奭之倫也。自公孫龍至吁子，則舛雜鄙近，視衍奭而又下矣。至篇之終，忽著墨子之地與時，而不一言其道術，蓋世以儒、墨並稱久矣，其傳已見於荀卿所序列而不必更詳也。夫自漢及唐，《莊》、《列》皆列於學官，而孟子有未興。以韓子之明，始猶曰孔墨必相爲用，而較孟子於荀、揚之間。子長獨以並孔子一篇之中，其文四見，至荀卿受業於孔氏之門人則弗之著也。老、莊、申、韓、衍、奭諸人皆有傳，而墨子則無之，蓋孟子拒而放之之義。然則子長於道，豈槩乎未有聞者哉？

謙案：方氏此篇，以孟子守孔子之道，不志於利，爲戰國一人；又以子長之並孟於孔，美其有聞乎道，其持論可云當矣。雖然，孟子固不志乎利者，彼鄒衍諸家，而言其鶩於功利，則未盡然也。當戰國時，上無天子，下無方伯，列強各守其土地，以攻伐相尚，故鄒衍以下俱抱其一家之學思以拯世亂，豈專以功利爲務哉！不然，何史公於鄒衍獨稱其"有牛鼎之意"，而於孟子轉惜其"方柄圓鑿"乎？以孟子之所如不合，則鄒衍之徒其顯於諸侯，能度時而制宜，亦可明矣。雖自鄒衍至鄒奭其書不盡傳，而以慎到五篇觀之，申明用法之要，曷嘗有功利之說存乎？其此傳之首曰："天子至於庶人，好利之弊何以異？"在子長之意，蓋讀孟子之書有"何必曰利，亦有仁義"之言，因慨然於後之人君急於求利必至，爲臣民者皆將自私自利而靡所底止，非謂孟子不志乎利，而其餘均以趨利也。

或曰：《傳》有之："各著書言治亂之事，以干世主"，似馬遷明言其挾策干時矣，而猶得謂其不鶩功利乎？曰：取士之道，以後代論之，有徵辟焉，有薦舉焉，有科目焉。秦漢以前，士之求用於時者，出疆載贄，皇皇如也。故蘇子瞻曰："三代以上出於學，戰國至秦出於客。"夫周室既衰，學校久廢，爲士者不得列於庠序，而不能不爲游客者，亦其勢使然也。鄒衍諸子著書以干世主者，此遇乎其時，而欲以扶亂興治所無可如何耳。

或又曰：荀卿著書何以獨不干世乎？曰：荀子受讒於齊，見廢於楚，於是退而著述。觀《傳》謂"序列著數萬言而卒"，則書之作也已在垂暮之年，彼方謂世莫我知，故發憤而作，詎又有意於干謁哉！故史遷之叙荀卿，列諸衍、奭諸人之後，實以時相次，誠非爲一不干世、一在干世，而顯有所區別也。

篇終之傳墨子，方氏以不言道術，但詳其時地，得孟子放拒之義。其説似矣，不知亦非也。夫非攻、尚儉，墨子之所長在此。《傳》曰"善守禦，爲節用"，此二語者真能識道術之大，豈方氏於此竟未之見耶？蓋彼徒知孟子闢墨，而墨子宗旨實未深知也。顧《史記》一書，老、莊、申、韓、衍、奭諸人皆爲作傳，而墨子則無之者何哉？古人立言必有依據，子長之作史也，嘗曰"整齊世傳"，今於墨子特著"其傳云"者，以《伯夷列傳》例之，可知子長實本舊傳矣。況此傳通論戰國學術，已次墨翟於其中，又何遺於墨子哉？其他若商鞅、吳起以及公孫龍諸家，或以道德，或以兵、名，使果通其旨意，出而與人家國，圖傲乎救世之士也。"仁義充塞"、"舛雜鄙近"，吾不知方氏何惡於諸子，而一切排擯之若是也？

且不特諸子已也，於荀子亦譏其"少駁"矣。夫儒家之中，深於禮義者莫如荀子，即其性惡之説，與非十二子之並及思、孟,亦懸禮以折衷之。方氏妄爲刪定,遂以駁雜訾之,可謂師心自是也。雖然,方氏亦以尊孟而已。但尊孟而諸子之學既受其詆毀,甚且議及荀卿焉,則黨同門,妬道眞,當亦孟子所不取也。爲一一糾正之,後之儒者可以觀矣。

# 諸子通考卷二

## 內篇考二

### 《史記·老莊申韓列傳》

《史記·老莊申韓列傳》：老子者，楚苦縣厲鄉曲仁里人也。姓李氏，名耳，字伯陽，謚曰聃。周守藏室之史也。孔子適周，將問禮於老子，老子曰："子所言者，其人與骨皆已朽矣，獨其言在耳。且君子得其時則駕，不得其時則蓬累而行。吾聞之：良賈深藏若虛，君子盛德容貌若愚。去子之驕氣與多欲，態色與淫志，是皆無益於子之身。吾所以告子若是而已。"孔子去，謂弟子曰："鳥，吾知其能飛；魚，吾知其能游；獸，吾知其能走。走者可以爲罔，游者可以爲綸，飛者可以爲矰。至於龍，吾不能知，其乘風雲而上天。吾今日見老子，其猶龍耶！"老子修道德，其學以自隱無名爲務。居周久之，見周之衰，廼遂去。至關，關令尹喜曰："子將隱矣，強爲我著書。"於是老子廼著書上下篇，言道德之意五千餘言而去，莫知所終。或曰：老萊子亦楚人也，著書十五篇，言道家之用，與孔子同時云。蓋老子百有六十餘歲，或言二百餘歲，以其修道而養壽也。自孔子死之後百二十九年，而史記周太史儋見秦獻公曰："始秦與周合，合五百歲而離，離七十歲而霸王者出焉。"或曰儋即老子,或曰非也,世莫知其然否。老子,隱君子也。老子之子名宗,宗爲魏將,封於段干。宗子注,注子宫,宫玄孫假,假仕於漢孝文帝。而假之子解,爲膠西王卬太傅,因家於齊焉。世之學老子者則絀儒學,儒學亦絀老子。"道不同不相爲謀",豈謂是耶?李耳無爲自化,清静自正。

莊子,蒙人也,名周。周嘗爲蒙漆園吏,與梁惠王、齊宣王同時。其學無所不闚,然其要本歸於老子之言。故其著書十餘萬言,大抵率寓言也。作《漁父》、《盜跖》、《胠篋》,以詆訾孔子之徒,以明老子之術。《畏累虛》、《亢桑子》之屬,皆空語無事實。然善屬書離辭,指事類情,用剽剥儒、墨,雖當世宿學不能自解免也。其言洸洋①自恣以適己,故自王公大人不能器之。楚威王聞莊周賢,使使厚幣迎之,許以爲相。莊周笑謂楚使者曰:"千金,重利;卿相,尊位也。子獨不見郊祭之犧牛乎?養食之數歲,衣以文繡,以入太廟。當是之時,雖欲爲孤豚,豈可得乎?子亟去,無污我。我寧游戲污瀆之中自快,無爲有國者所羈。終身不仕,以快吾志焉。"

申不害者,京人也,故鄭之賤臣。學術以干韓昭侯,昭侯用爲相。内修政教,外應諸侯,十五年,終申子之身,國治兵强,無侵韓者。申子之學本於黄老而

---

① "洋",排印本誤作"汪",逕改。

主刑名,著書二篇,號曰《申子》。

韓非者,韓之諸公子也。喜刑名法術之學,而其歸本於黃老。非爲人口吃,不能道説,而善著書。與李斯俱事荀卿,斯自以爲不如非。非見韓之削弱,數以書諫韓王,韓王不能用。於是韓非疾治國不務修明其法制,執勢以御其臣下,富國強兵而以求人任賢,反舉浮淫之蠹而加之於功實之上。以爲儒者用文亂法,而俠者以武犯禁。寬則寵名譽之人,急則用介冑之士,今者所養非所用,所用非所養。悲廉直不容於邪枉之人,觀往者得失之變,故作《孤憤》、《五蠹》、《内外儲》、《説林》、《説難》十餘萬言。然韓非知説之難,爲《説難》書甚具,終死於秦,不能自脱。《説難》曰:"凡説之難,非吾知之、有以説之難也,又非吾辯之難也,又非吾辯之難能明吾意之難也,又非吾敢横失能盡之難也。凡説之難,在知所説之心,可以吾説當之。所説出於爲名高者也,而説之以厚利,則見下節而遇卑賤,必棄遠矣。所説出於厚利者也,而説之以高名,則見無心而遠事情,必不收矣。所説實爲厚利而顯爲名高者也,而説之以名高,則陽收其身而實疏之;若説之以厚利,則陰用其言而顯棄其身。此之不可不知也。夫事以密成,而以泄敗。未必其身泄之也,而語及其所匿之事,如是者身危。貴人有過端,而説者明言善議以推其惡者,則身危。周澤未渥也,而語極知,説行而有功則德亡,説不行而有敗則見疑,如是者身危。

夫貴人得計而欲自以爲功，説者與知焉，則身危。彼顯有所出事，廼自以爲也，故説者與知焉，則身危。强之以其所必不爲，止之以其所不能已者，身危。故曰：與之論大人，則以爲間己；與之論細人，則以爲鬻權。論其所愛，則以爲借資；論其所憎，則以爲嘗己。徑省其辭，則不知而屈之；汎濫博文，則多而久之。順事陳意，則曰怯懦而不盡；慮事廣肆，則曰草野而倨侮。此説之難，不可不知也。凡説之務，在知飾所説之所敬，而滅其所醜。彼自知其計，則無以其失窮之；自勇其斷，則無以其敵怒之；自多其力，則毋以其難概之。規異事與同計，譽異人與同行者，則以飾之無傷也。有與同失者，則明飾其無失也。大忠無所拂亂，悟言無所擊排，廼後申其辯知焉。此所以親近不疑，知盡之難也。得曠日彌久，而周澤既渥，深計而不疑，交争而不罪，廼明計利害以致其功，直指事非以飾其身，以此相持，此説之成也。伊尹爲庖，百里奚爲虜，皆所由干其上也。故此二子者，皆聖人也，猶不能無役身而涉世如此其汙也，則非能仕之所設也。宋有富人，天雨牆壞，其子曰：‘不築且有盜。’其鄰人之父亦云，暮而果大亡其財。其家甚知其子，而疑鄰人之父。昔者鄭武公欲伐[①]胡，廼以其子妻之，因問群臣曰：‘吾欲用兵，誰可伐者？’關其思曰：‘胡可伐。’乃戮關其思，曰：

---

① "伐"，排印本誤作"代"，徑改。

'胡，兄弟之國也，子言伐之，何也？'胡君聞之，以鄭爲親己而不備鄭，鄭人襲胡，取之。此二説，其知皆當矣，然而甚者爲戮，薄者見疑。非知之難也，處知則難矣。昔者彌子瑕見愛於衛君，衛國之法，竊駕君車者罪至刖，既而彌子之母病，人聞往夜告之，彌子矯駕君車而出，君聞之而賢之，曰：'孝哉！爲母之故而犯刖罪！'與君游果園，彌子食桃而甘，不盡而奉君，君曰：'愛我哉！忘其口而念我！'及彌子色衰而愛弛，得罪於君，君曰：'是嘗矯駕吾車，又嘗食我以其餘桃。'故彌子之行未變於初也，前見賢而後獲罪者，愛憎之至變也。故有愛於主，則知當而加親；見憎於主，則罪當而加疏。故諫説之主，不可不察愛憎之主而後説之矣。夫龍之爲蟲也，可擾狎而騎也，然其喉下有逆鱗徑尺，人有嬰之則必殺人。人主亦有逆鱗，説之者能無嬰人主之逆鱗則幾矣。"人或傳其書至秦，秦王見《孤憤》、《五蠹》之書，曰："嗟乎！寡人得見此人與之游，死不恨矣！"李斯曰："此韓非之所著書也。"秦因急攻韓，韓王始不用非，及急，廼遣非使秦。秦王悦之，未信用。李斯、姚賈害之，毀之曰："韓非，韓之諸公子也。今王欲并諸侯，非終爲韓，不爲秦，此人之情也。今王不用，久留而歸之，此自遺患也，不如以過法誅之。"秦王以爲然，下吏治非。李斯使人遺非藥，使自殺。韓非欲自陳，不得見。秦王後悔之，使人赦之，非已死矣。申子、韓子皆著書，傳於後世，學者多有，余獨悲韓子爲《説難》而不能自脱耳。

太史公曰：老子所貴道虛無，因應變化於無爲，故著書辭稱微妙難識。莊子散道德，放論，要亦歸之自然。申子卑卑，施之於名實。韓子引繩墨，切事情，明是非，其極慘礉少恩。皆原於道德之意，而老子深遠矣。

謙案：道、法二家，其學不同，而其源則無不合也。《傳》於申子曰："申子之學，本於黄老而主刑名"，於韓非則曰："喜刑名法術之學，而其歸本於黄老"，是史公固知老、莊爲道家，申、韓爲法家，而合傳之意，則以其殊途而同歸也。故治諸子者，必在參觀《史記》矣。後之儒者，既不識申、韓明法所以經國，於道家治世之術又不深探其故，乃謂"道德之後流爲刑名，人而無情必至無恩"者，嗚呼！豈其然哉？夫"其極慘礉少恩，皆原道德之意"，史遷之爲是言，蓋以法家之學不無蔽失，使善用之，亦道家無爲之旨也，非謂老、莊清淨一變而爲法家，有如申、韓之嚴刻也。不然，申子何以稱其功業？而於韓非子又何以悲其爲《説難》不能自脱乎？由此言之，其云"原於道德"者，蓋明申、韓法家，實與道家同其原耳。今夫諸子之學有異而同者，觀於老、莊四子合之一傳可矣。

然以吾考之，不特百家異術，即一家之内亦有派別。何也？俱爲一家，蓋又有同而異者在焉。《傳》曰：老子"著書上下篇，言道德之意"，老萊子"著書十五篇，言道家之用"，若是道家之中顯有意、用之分。嘗取其説求之:太公也,鬻子也,管子也,鶡冠也,此四家者長於治道,是其書皆以言用矣。文子爲老氏弟子,其推闡老子之恉,等於群經義疏,則其言意也可見。若列子貴虛,關尹貴清,雖君人南面之術固貴於清虛自守,然要在乎言意也。言用者若彼,言意者若此,即以道家論之,可比量並視,而不析其異同乎?至如莊子,彼於《天下篇》嘗自明其聞風而悅,與老聃之道術異矣。贊曰:"莊子散道德,放論,要亦歸之自然",豈非謂莊子之說雖非倜然無歸,而老子之虛無因應、變化無爲,其宗旨並不同耶?

或者謂:莊、老異同,既聞命矣,莊子之剽剝儒、墨,可歟?曰:學問之道,不妨詰難。馬遷故云:"爲老子者必絀儒學,儒學亦絀老子。"蓋諸子守其專家,各以推其所長,故於異己者必爲之抨擊,所謂"道不同不相爲謀",無足怪也。

雖然,後世屏諸子爲異端,不能通其家學,如韓非者甚且使之沈冤千載焉,不亦異乎!夫韓非之書,豈挾以干秦哉?本傳謂韓非"病治國不務修明其法制,執勢以御其臣下,富國強兵而以求人任賢,反舉浮淫之蠹加之於功實之上","觀往者得失之變故,作孤憤,《五蠹》、《內外儲》、《說林》、《說難》十餘萬言",則非之全書實爲韓而發也。蓋非爲韓之諸公子,以同姓之臣,而親見國之削弱,其能緘默無言乎?《史記》具在,猶以爲秦之策士,而不知其爲韓之忠臣,故諸子中最冤者莫非若矣。況《傳》又云:"人有傳其書至秦,李斯曰:'此韓非之所著書。'"明明非之述作在韓,而不在秦矣。(首篇《初見秦》據《戰國策》爲張儀說。)若李斯自愧不如,而設計以害之,此固非之大不幸也。昔漢之晁錯,亦法家也。法家之道,尊君卑臣,崇上抑下。錯以七國之故,身罹於難,當時議者憐其忠而獲罪,乃非之忠於韓無有與之昭晰者,余故深痛之矣。

且夫龍門之作史也,不虛美,不隱惡,劉向、揚雄稱爲"實錄"。故不治諸子則已,如有志諸子之學,不知考之史書,將爲後人所惑矣。爲後人所惑,而從其似是之言,遂致古人亦遭不白也,豈不慎哉!夫《史記》爲千古信史,其傳諸子也,雖不專論其書,而舍是則無以通矣。吾故曰:治諸子者必在參觀《史記》也。

又案:本傳云:"老子修道德,其學以自隱無名爲務。居周久之,見周之衰,迺遂去。至關,關令尹喜曰:'子將隱矣,強爲我著書。'"觀於此,則老子所謂"聖人之治,虛其心,實其腹,弱其志,強其骨,常使民無知無欲",與"挫其銳,解其紛,和其光,同其塵",皆自隱無名之旨也。若"天下多忌諱,而民彌貧;民多利器,國家滋昏;人多伎巧,奇物滋起;法令滋彰,盜賊多有",以及"民之饑,以其上食稅之多,是以饑;民之難治,以其上之有爲,是以難治;民之輕死,以其求生之厚,是以輕死"。此數言者,實見衰世之政,而筆之於書耳。

至於《莊子》一書,本爲寓言。寓言者,劉向《別錄》云:"作人姓名,使相與語,是寄辭於其人,故《莊子》有《寓言篇》。"則讀其書者,可概以寓言求之。《傳》曰:"作《漁父》、《盜跖》、《胠篋》,以詆訾孔子之徒,以明老子之術。《畏累虛》、《亢桑子》之屬,皆空語無事實。"若然,莊子雖剽剝儒、墨,苟識其寓言之意,不必與之辨難也。孟子云："説《詩》者，不以文害辭，不以辭害志，以意逆志，是爲得之。"本此以治莊子，庶有所得乎？雖然，《莊子》全書宗旨何在？曰：荀子謂其"蔽於天"，亦約之以天而已矣。

## 《史記·管晏列傳》

《史記·管晏列傳》：管仲夷吾者，潁上人也。少時常與鮑叔牙遊，鮑叔知其賢。管仲貧困，常欺鮑叔，鮑叔終善遇之，不以爲言。已而鮑叔事齊公子小白，管仲事公子糾。及小白立爲桓公，公子糾死，管仲囚焉。鮑叔遂進管仲。管仲既用，任政於齊，齊桓公以霸，九合諸侯，一匡天下，管仲之謀也。管仲曰："吾始困時，嘗與鮑叔賈，分財利多自與，鮑叔不以我爲貪，知我貧也。吾嘗爲鮑叔謀事，而更窮困，鮑叔不以我爲愚，知時有利不利也。吾嘗三仕三見逐於君，鮑叔不以我爲不肖，知我不遭時也。吾嘗三戰三走，鮑叔不以我爲怯，知我有老母也。公子糾敗，召忽死之，吾幽囚受辱，鮑叔不以我爲無恥，知我不羞小節而恥功名不顯於天下也。生我者父母，知我者鮑子也。"鮑叔既進管仲，以身下之，子孫世禄於齊，有封邑者十餘世，常爲名大夫。天下不多管仲之賢，而多鮑叔能知人也。管仲既任政相齊，以區區之齊在海濱，通貨積財，富國強兵，與俗同好惡。故其稱曰："倉廩實而知禮節，衣食足而知榮辱。上服度則六親固，四維不張，國乃滅亡。下令如流水之原,令順民心。"故論卑而易行。俗之所欲,因而予之;俗之所否,因而去之。其為政也,善因禍而為福,轉敗而為功。貴輕重,慎權衡。桓公實怒少姬,南襲蔡,管仲因而伐楚,責包茅不入貢於周室。桓公實北征山戎,而管仲因而令燕修召公之政。於柯之會,桓公欲背曹沫之約,管仲因而信之,諸侯由是歸齊。故曰:"知與之為取,政之寶也。"管仲富擬於公室,有三歸、反坫,齊人不以為侈。管仲卒,齊國遵其政,常強於諸侯。

後百餘年而有晏子焉。晏平仲嬰者,萊之夷維人也。事齊靈公、莊公、景公,以節儉力行重於齊。既相齊,食不重肉,妾不衣帛。其在朝,君語及之,即危言;語不及之,即危行。國有道,即順命;無道,即衡命。以此三世顯名於諸侯。越石父賢,在縲絏中,晏子出,遭之塗,解左驂贖之,載歸。弗謝,入閨。久之,越石父請絕。晏子懼然,攝衣冠謝曰:"嬰雖不仁,免子於厄,何子求絕之速也?"石父曰:"不然。吾聞君子詘於不知己,而信於知己者。方吾在縲絏中,彼不知我也。夫子既已感寤而贖我,是知己。知己而無禮,固不如在縲絏之中。"晏子於是延入為上客。晏子為齊相,出,其御之妻從門間而闚其夫。其夫為相御,擁大蓋,策駟馬,意氣揚揚,甚自得也。既而歸,其妻請去。夫問其故,妻曰:"晏子長不滿六尺,身相齊國,名顯諸侯。今者妾觀其出,志念深矣,常有以自下者。今子長八尺，乃爲人僕御，然子之意自以爲足，妾是以求去也。"其後夫自抑損，晏子怪而問之，御以實對，晏子薦以爲大夫。

太史公曰：吾讀管氏《牧民》、《山高》、《乘馬》、《輕重》、《九府》，及《晏子春秋》，詳哉其言之也。既見其著書，欲觀其行事，故次其傳。至其書，世多有之，是以不論，論其軼事。管仲，世所謂賢臣，然孔子小之，豈以爲周道衰微，桓公既賢，而不勉之至王，乃稱霸哉？語曰："將順其美，匡救其惡，故上下能相親也"，豈管仲之謂乎？方晏子伏莊公尸哭之，成禮然後去，豈所謂"見義不爲，無勇"者邪？至其諫說，犯君之顏，此所謂"進思盡忠，退思補過"者哉！假令晏子而在，余雖爲之執鞭，所忻慕焉。

謙案：管子爲道家，晏子爲儒家，學術不同，所以和傳之意，蓋以皆爲齊相也。觀於贊曰："至其書，世多有之，是以不論，論其軼事"，可知列傳之作，傳其人，不傳其書，與《漢志·諸子略》專取其書而別白家數者異矣。（《漢志》於諸子已見史書者，如孟子、孫卿子，其下皆注曰："有列傳。"蓋謂欲考其生平行業，有《史記》列傳在也。）

或問：軼事者何也？曰：管子之交鮑叔，自謂"生我父母，知我鮑子"，其文《列子》載之，此管子之軼事也。（自管仲曰"吾始困時"，至"知我者鮑子"，此文見《列子》，蓋《史記》採之。）越石父賢，晏子解左驂贖之，而延爲上客。御者揚揚自得，及後抑損，晏子薦以爲大夫。此二事者，又晏子之軼事也。蓋史公作傳，網羅舊聞，所謂"欲觀其行事，故次其傳"是也。顧既已稱爲軼事矣，而今本皆有之者，何哉？不知《晏子》一書，要由於劉向編定也，其《別錄》云："太史書五篇"，是彼兩事者，向特本之《史記》而增入者耳。乃昧者不察，反據軼事之説，謂爲六朝後人僞作，豈不悖哉！（以晏子爲六朝後僞作，此管異之説，辨詳外篇。）

雖然，傳其人，不傳其書，史之通利固若是矣，而治諸子者，不可不參觀諸《史記》，何則？晏子之書，史公明言《春秋》矣，不知者徒見《班志》不具，《隋志》始列其目，於是疑非本書。（説見陳直齋《書録解題》。）夫名稱之間，古人往往有省略者。是故賈生《新書》則但曰《賈誼》矣，慎到《道論》則但曰《慎子》矣，蒯通《雋永》則但曰《蒯子》矣，淮南《鴻烈》則但曰《淮南》矣。以此言之，又何疑於《晏子》哉？況觀於史，則《春秋》之名自古已然乎？

且管子之《輕重》、《九府》，其所以興利者，亦就齊爲之耳。《傳》曰："以區區之齊在海濱，通貨積財，富國強兵，與俗同好惡"，則管子相齊，其通商賈，均力役，盡地利，正相地設施矣。後世既遵守其法，而行鹽筴之利，轉使之獨蒙惡聲。此未知齊居東海，彼不過用以治齊，非與言利之臣專務財用者比也。不寧惟是，史談之論六家要旨也，歸之於道家，而其言曰："因者君之綱"，今遷謂管子爲政"善因禍而爲福，轉敗而爲功"。管子者，道家也，若然，道家一流，非所謂君人南面之術乎？自不達因之説者，以爲道家之弊，失之因循誤事，而豈知管子治齊以因爲綱,則道家之所謂"因",其作用正在是矣。("桓公實怒少姬,南襲蔡,管仲因而伐楚,責包茅不入貢於周室。桓公實北征山戎,而管仲因而令燕修召公之政。於柯之會,桓公欲背曹沫之約,管仲因而信之。"可知道家之"因"足以推之實行。)

抑《史記》全書,其作贊辭也,皆宗孔子之言爲之論定。今引語曰:"將順其美,匡救其惡",與"見義不爲,無勇"之説,非折衷於夫子乎? 故子長之尊聖,真不僅孔子列世家已也。

## 班固《漢書·藝文志》

班固《漢書·藝文志》:諸子十家,其可觀者九家而已。皆起於王道既微,諸侯力政,時君世主,好惡殊方。是以九家之術蠭出並作,各引一端,崇其所善,以此馳説,取合諸侯。其言雖殊,辟猶水火,相滅亦相生也;仁之與義,敬之與和,相反而皆相成也。《易》曰:"天下同歸而殊塗,一致而百慮。"今異家者各推所長,窮知究慮,以明其指。雖有蔽短,合其要歸,亦《六經》之支與流裔。使其人遭明王聖主,得其所折衷,皆股肱之材已。仲尼有言:"禮失而求諸野。"方今去聖久遠,道術缺廢,無所更索,彼九家者不猶癒於野乎? 若能修《六藝》之術,而觀此九家之言,舍短取長,則可以通萬方之略矣。

謙案:《藝文》一志,班氏本之劉向父子。今《別錄》、

《七略》已亡,(《別錄》二書近有輯本,余又爲增補,入《古書錄輯存》。)所可考者,此《志》而已。其曰"合其要歸,亦《六經》之支與流裔",彼不知者妄謂諸子離經叛道,觀於此則大不然矣。

或曰:儒家游文《六經》,固深於經術者,若道、墨諸家,其爲支與流裔,有足徵乎?曰:試即以《志》徵之。道家"合於堯之克讓,《易》之嗛嗛",是道家之通於經也。法家"信賞必罰,以輔禮制,《易》曰:'先王以明罰飭法',此其所長",是法家之通於經也。縱橫家"權事制宜,受命不受辭","孔子曰:'誦《詩》三百,使於四方,不能專對,雖多亦奚以爲'",是縱橫家之通於經也。若是,諸子之學雖不必確守經教,而未嘗有背乎經也,謂爲支與流裔,奚不可哉?往者劉子政之校中秘也,於《晏子》曰:"其書六篇,皆忠諫其君,文章可觀,義理可法,皆合《六經》之義",於《管子》曰:"凡《管子》書,務富國安民,道約言要,可以曉合經義",於《列子》曰:"治身接物,務崇不竟,合於《六經》",於《申子》曰:"申子之學號曰刑名,刑名者,循名以責實,其尊君卑臣,崇上抑下,合於《六經》"。(其遺說惜不多見,若向所作《別錄》不亡,讀諸子當易易。)由此觀之,向之辯章諸子也,執《六經》以爲衡,而亦由諸子要歸,無不可歸之於經也。

不特此也。嘗試考之,道家之卑弱自持,既合《易》之嗛嗛,固爲《易》之所出。陰陽家歷象日月星辰,敬授民時,"《易》以道陰陽",是亦出於《易》也。名家爲古之禮官,禮所以辨上下,定民志,名家之宗禮蓋可知矣。而國之大事,在祀與戎,墨家本清廟之守,殆長於祭祀之禮乎？（其書有尊天、事鬼等篇，即此可見。）昔魯請郊廟之禮於周，周使史角往，其後在於魯，墨子學焉。（説見《吕覽》。）豈非墨家之道又精於禮者哉？從橫家明乎《詩》教，故能具專對之才。小説家者流，出於稗官，解者謂王者欲知閭巷風俗，故立稗官，使稱説之，則小説一家即太史采詩之意也。彼法家者，雖嚴刑峻法，爲吾儒所不取，不知《莊子》有曰："《春秋》以道名分。"（《史記》亦云。）故其辨名定分，實本《春秋》之義，而推衍之者嘗讀《史記》矣。其二《諸侯年表》敘述《春秋》源流，自邱明以下並及韓非，則韓非者得《春秋》之傳矣。況全書中凡説春秋時事文，多與《左傳》同，又足徵非之論法原於《春秋》也。是故百家道術，無有乖於《六經》者。不乖《六經》，猶斥爲異端焉，豈不厚誣古人哉！

　　雖然，"修《六藝》之術，觀此九家之言，舍短取長①，可以通萬方之略"，如孟堅言，將爲經學者必兼治諸子之書乎？曰：《六經》論其常，諸子論其變。《六經》爲治世學術，諸子爲亂世學術。是時至衰亂，不取諸子救時之略，先爲之扶濟傾危，鏗鏗焉以經説行之，非但不見信從，甚將爲人訕笑矣。（余故謂讀諸子者當論其世，又當審乎時。）故當戰國時，儒術獨絀，孟、荀不得志於世，而從橫諸家反能顯榮於天下，此非《六經》之無用，可束高閣焉，亦以生逢亂世，別有匡濟之學術耳。聞之《公羊》家有"張三世"之説，一據亂世，一昇平世，一太平世。以吾言之，諸子者，亂世之所貴；而《六經》者，其爲太平

---

① "取長"，排印本誤倒作"長取"，徑改。

世矣。

或問曰:所謂"通萬方之略",又何也?曰:是説也,有二義存乎其間。蓋一就四方之形勢言之,一就萬事之情僞言之。何以知其然哉?秦處西北,其俗強悍,治西北者不能不出以嚴酷。《淮南子》曰:"可威以刑,不可化以善,商君之法生焉",則鞅之重法,正因地制宜矣。蓋西北者,於四時爲秋冬,秋冬乃肅殺之時也。且觀武侯治蜀,一本商鞅之術,綜覈名實,申明刑賞,又可菲薄商君乎?《史記·管子列傳》曰:"以區區之齊在海濱,通貨積財,富國強兵",然則管子相齊,興鹽筴之利,蓋亦以齊居東海耳。雖地勢變遷,古今不同,而四方形勝,善讀書者自可於諸子求之。若夫萬事情僞,諸子知之最深,試略舉老子明之。《道德經》曰:"不尚賢,使民不爭;不貴難得之貨,使民不爲盜;不見可欲,使民心不亂。""多言數窮,不如守中。""富貴而驕,自遺其咎。""甚愛必大費,多藏必厚亡。知足不辱,知止不殆。""輕諾必寡信,多易必多難。""民之從事,常於幾成而敗之。""信言不美,美言不信。"使非洞達世情,其能作此語乎?是故諸子之中雖不無蔽短,苟取其長者而精思之,必爲有用之學矣。夫不取諸子所長,而一切屏棄之。於是爲儒家者或失之瑣碎,或失之高深,而訓詁一家,性理一家,斤斤於文字之末,《六藝》之所以經世者,且視爲空言無補焉。有識者能無爲之長太息哉!

# 附録

《漢書藝文志考證》:致堂胡氏曰:夫仁以親親,義以尊尊，施之雖有等差，發端則非異道。故事父孝則忠可移，求忠臣則於孝子，未聞相反之理也。曰法則慘刻，曰名則苛繞，曰墨則二本，曰從橫則妾父之道，是皆《五經》之棄也，其歸豈足要乎？儒家者流，因修《六藝》矣，列儒於九家，而曰"修《六藝》之術，以觀九家之言"，則"修《六藝》"無所名家，謂誰氏耶？何以言之多舛也！

　　謙案：《漢志》云："諸子十家，可觀者九家"，而其下又云："修《六藝》之術，觀九家之言"，是明明列儒於十家之中，並不與九家等觀也。則所謂"修《六藝》者"，其屬儒家可知矣。修《六藝》而兼觀九家者，誠以諸子有經世之術，爲儒家者止當博采周覽，不可没其所長，而拒之於儒道之外也。胡氏謂"言之多舛"，亦未將孟堅之説善爲理會耳。若謂法家慘刻，名家苛繞，墨家二本，縱橫則爲妾婦之道，以爲是皆《五經》所棄；夫諸子之學，班氏固言其有蔽短矣，而其出於經術，則後人不之知也。（説詳前篇。）曰"合其要歸，《六經》之支與流裔"，方足見百家異術皆原於經。乃胡氏第知擯斥諸子，而豈知《五經》未嘗棄之也。至"相反相成"之説，在班氏意，蓋以九家並起，或以道、墨鳴，或以名、法鳴，雖各持一端，自立專家之學，而其道則無不相通耳。故復引《易傳》"同歸殊途，一致百慮"，以推明之。要之，自宋以來，諸子盡屏爲異端，宜胡氏於《漢志》之言且肆其彈擊焉。嗚①乎,傎矣!

楊慎曰:班固叙諸子九家而以儒爲首,若以矯司馬氏之失。然以儒與諸家並列,而又別於《六經》,何也?蓋固之所列,儒家者流也,非所謂君子儒也。其以"藝文"名,猶曰"文藝末也"云爾。

謙案:《六家要旨》,史談探本於道,蓋史職當然,余已詳論於前矣。班固之叙諸子也,以儒爲首,所謂"道並行而不悖"耳,非司馬氏不知尊儒而以矯其失也。所以別之《六經》者,則以九家之道爲《六經》支流,而爲儒家者,不過游文《六經》,明其不得與《六經》並也。故《諸子》一略,冠以儒家,可見班氏之推崇儒術;而別立諸《六經》之外者,又足見其以此尊經也。蓋儒家備於孔子,而實不足以盡之。《志》於儒家曰"宗師仲尼",則儒家特以仲尼爲師,孟子所云"乃所願則學孔子"是也。楊氏不得其説,以爲文藝之末,何其賤視儒家耶?夫儒家之中,固亦有蔽失,近於小人儒者,然《漢志》所録,自《晏子》以下,豈專以文藝爲務哉?但執"文藝"之名,而遂以非薄儒家,然則聖人之經亦皆載之,將《六經》可鄙之爲"文藝"乎?若《班志》明列十家,而以儒家一流立爲九家之首,今僅謂九家,此則不辨而可悟其非矣。

## 葛洪《抱朴子·百家篇》

---

① "嗚",排印本誤作"鳴",逕改。

葛洪《抱朴子·百家篇》:百家之言,雖不皆清翰銳藻,宏麗汪濊,然悉才士所寄心,一夫所澄思也。正經爲道義之淵海,子書爲增深之川流。仰而比之,則景星之佐三辰;俯而方之,則林薄之裨嵩岳。而學者專守一業,游井忽海,遂蹢躅於泥濘之中,而沈滯乎不移之困。子書披引玄曠,眇邈泓窈,總不測之源,揚無遺之流。變化不繫於規矩之方圓,旁通不淪於違正之邪徑,風格高嚴,重仞難盡。是偏嗜酸甜者莫能賞其味也,用思有限者不得辯其神也。先民欺息於才難,故百世爲隨踵,不以璞不生板桐之嶺而捐曜夜之寶,不以書不出周孔之門而廢助教之言。猶彼操水者,器雖異而救火同焉;譬若鍼灸者,術雖殊而攻疾均焉。狹見之徒,區區執一,去博亂精,恖而不識。合錙銖可以齊重於山陵,聚千百可以致數於億兆。惑詩賦瑣碎之文,而忽子論深美之言,真僞顛倒,玉石混淆,同廣樂於桑間,均龍章於素質,可悲可慨,豈一條哉!

謙案:《抱朴子》一書分内外篇。《内篇》論黄白符籙之事,乃神仙家言,非古之所謂道家也。《外篇》則《隋志》而下,入之雜家。雜家者,宏括衆流。今以《百家》標目,豈非雜家之術固無所不該哉? 雖此篇所言,不若《吕覽》、《尸子》能推諸家之宗旨,然以百家爲助教之書,則葛氏之意蓋謂《六經》當尊,而百家之學實無背於經教,其識豈不卓哉! 嘗概自宋以來,屏黜百家,即有好之者,亦不過玩其文字而已,而能辯章學術者,未之見也。夫《諸子》一略創於《漢志》,其後四部雖分,亦皆列經史之後,可知百家並立,輔助聖經,未可廢棄。故班固謂修《六藝》之文,習此九家之言,可以通萬方之略。乃後之學者,概從而攘斥之,真可云"用思有限,不能辯其神"者矣。昔顏之推《家訓》曰:"觀天下書未徧,不得輕下雌黃。"然則世之讀諸子者,既未深入其中,而遽以肆我譏彈,吾知必爲葛氏所不取也。"正經爲道義淵海,子書爲增深川流",彼抵排諸子而自詡爲衛道者,曷不三復斯言?

## 劉晝《新論·九流篇》

劉晝《新論·九流篇》:道者,老聃、關尹、龐涓、莊周之類也。以空虛爲本,清净爲心,謙挹爲德,卑弱爲行。居無爲之事,行不言之教。裁成宇宙不見其迹,亭毒萬物不有其功。然而薄者全棄忠孝,杜絕仁義,專任清虚,欲以爲治也。

儒者,晏嬰、子思、孟某①、荀卿之類也。順陰陽之性,明教化之本,遊心於《六藝》,留情於五常。厚葬文服,重樂有命,祖述堯舜,憲章文武,宗師仲尼,以尊敬其道。然而薄者流廣文繁,難可窮究也。

陰陽者,子韋、鄒衍、桑丘、南公之類也。敬順昊天,歷象日月星辰,敬授民時。範三光之度,隨四時之

---

① "孟某",《新論》原作"孟軻"。

運，知五行之性，通八風之氣，以厚生民，以爲政治。然而薄者則拘於禁忌，溺於數術也。

名者，宋鈃、尹文、惠施、公孫捷之類也。其道正名，名不正則言不順，故定尊卑，正名分，愛平尚儉，禁攻寢兵，故作華山之冠以表均平之製，則寬宥之說，以示區分。然而薄者捐本就末，分析明辯，苟析華辭也。

法者，慎到、李悝、韓非、商鞅之類也。其術在於明罰。討陣整法，誘善懲惡，俾順軌度，以爲治本。然而薄者削仁廢義，專任刑法，風俗刻薄，嚴而少恩也。

墨者，尹佚、墨翟、禽滑、胡俳之類也。儉嗇，兼愛，尚賢，右鬼，非命，薄葬，無服，不怒，非鬥。然而薄者其道大觳，儉而難遵也。

縱橫者，闞子（名子我）、龐煖、蘇秦、張儀之類也。其術本於行仁，譯二國之情，弭戰爭之患，受命不受辭，因事而制權，安危扶傾，轉禍就福。然而薄者則苟尚華詐，惡棄忠信也。

雜者，孔甲、尉繚、尸佼、淮夷之類也。明陰陽，本道德，兼儒、墨，合名、法，包縱橫，納農植，觸類取與，不拘一緒。然而薄者則蕪穢蔓衍，無所係心也。

農者，神農、野老、宰氏、范勝之類也。其術在於務農，廣爲墾闢，播植百穀，國有盈儲，家有蓄積，倉廩充實則禮義生焉。然而薄者又使王侯與庶人並耕於野，無尊卑之別，失君臣之序也。

觀此九家之學，雖有淺深，辭有詳略，偕儷形反，流分乖隔,然皆同其妙理,俱會治道,跡雖有殊,歸趣無異。猶五行相滅亦還相生,四氣相反而共成歲,淄澠殊源同歸於海,宮商異聲俱會於樂,夷惠同操齊蹤爲賢,二子殊行等迹爲仁。

道者,玄化爲本。儒者,德教爲宗。九流之中,二化爲最。夫道以無爲化世,儒者以《六藝》濟俗。無爲以清虛爲心,《六藝》以禮樂爲訓。若以教行於大同,則邪僞萌生;使無爲化於成康,則紛亂競起。何者?澆淳時異則風化應殊,古今乖舛則政教宜隔。以此觀之,儒教雖非得真之說,然茲教可以導物。道家雖爲達情之論,而違禮復不可以救弊。今治世之賢宜以禮教爲先,嘉遁之士應以無爲是務,則操業俱遂,而身名兩全也。

> 謙案:劉氏《新論》,隋唐《志》列諸雜家。雜家者,綜貫百家,即所云"明陰陽,本道德,兼儒、墨,合名、法,包縱橫,納農植,觸類取與,不拘一緒"是也。其説本於《漢志·諸子略》,所與《漢志》異者,此以道家爲首耳。首數道家者,蓋雜家雖不專守一家,而要以道爲依歸,《呂覽》、《淮南》其明證也。篇末以儒、道並重,又謂"澆淳時異則風化應殊,古今乖舛則政教宜隔",此不獨雜家之學,足知其博通儒、墨,而時勢不同,設施有別。彼不達世變者,概執一術以圖治,宜其無裨實用,徒受迂遠之譏耳。夫無爲以化三皇之時,法術以禦七雄之世,德義以柔中國之心,政刑以威四夷之性。故《易》貴隨時,禮尚

從俗,適時而行。劉氏於《隨時篇》嘗明言之,最爲通人之論。今復語此者,蓋欲學者經權制宜,不可高談儒術,有違時俗也。

顧既知九流俱會治道矣,乃謂"治世之賢宜以禮教爲先,嘉遯之士應以無爲是務",一若道家之學不足以經世,此猶未深知道家者也。夫一匡九合,佐齊興霸,管子非道家乎?即如老、莊二子,一則出關遠游,一則灌園自樂,似近於肥遯以鳴高者,然其書則皆明治理也。故《班志》於道家者流,稱其爲"君人南面之術"。雖然,晝嘗作《高才不遇論》,豈有慨於身世之故,而欲以隱士自居乎?且其言曰:"九流之中,二化爲最",是固尊儒而崇道者也。

至於縱橫一家,後世皆鄙夷之,不知七國時兵連禍結,使非有儀、秦輩,從而持急扶傾,天下必胥被其害。今云"譯二國之情,弭戰爭之患",此爲孟堅所未言。而讀《鬼谷子》書者,苟知縱橫之術以弭兵爲事,則不敢斥爲"妾婦之道"矣。(孟子爲儒家,故不取縱橫家。)蓋今之天下,一縱橫之天下也。嘗謂爲使臣者,果能於口舌之間,隱消禍亂,俾國家受無形之福,則其功爲至大。故特表而出之,以告世之有交鄰之責者。

## 《隋書·經籍志》

《隋書·經籍志》:《易》曰:"天下同歸而殊塗,一致而百慮。"儒、道、小說,聖人之教也,而有所偏。兵及醫方,聖人之政也,所施各異。世之治也,列在衆職,下至衰亂,官失其守,或以其業游説諸侯,各崇所習，分鑣並駕。若使總而不遺，折之中道，亦可以興化致治者矣。

　　謙案：隋唐以後，四部既定，凡《漢志》之中《兵書》、《數術》、《方伎》分爲三略者，皆盡入之子部。余初疑班氏何以歧異若兹，及讀此《志》云："儒、道、小説，聖人之教。兵及醫方，聖人之政"，然後知蘭臺之分別布居、不相雜廁者，蓋有政教之判焉。或問：政教之判奈何？曰：不觀《漢志》乎？於兵家曰"王官之武備"，於醫家曰"王官之一守"，與《諸子》一略但言出於古官者不同。蓋漢治近古，重在保民，特稱之曰"王官"者，以王政所尚在此也。不然，兵家之中如《孫子》、《尉繚》諸書，皆互見於《諸子》，其必區以別之者，使非有政教之判，豈孟堅若是之不憚煩哉？

　　且三代盛時，學統於官，故儒家爲司徒，道家爲史官。以《漢志》考之，自名、法以下，無不原於古之職官，天下所以爲同文之治。自周室東遷，天子失官，於是百家之學興。雖其弊之所至，儒家則苟取嘩衆，道家則絕去禮樂，法家則傷恩薄厚，名家則鉤鈲析亂，或有如班氏所譏者，然立爲專家，各推所長，其始則皆設官以掌之。故《隋志》以儒、墨諸家推本《周官》，誠以《周官》者，千古之學案也。今曰"世之治也，列在衆職，下至衰亂，官失其守"，然則《周官》廢而諸子盛，乃學術升降之大原哉！

　　或曰：諸子爲專家之業，是足貴矣，其必出於游說者，何立品不知自尊乎？詎知諸子有救時之志，當其時學校已衰，士之進身既無若後世之科目，則其傳説諸侯，真所謂不得已耳。蘇子瞻曰:"三代以上出於學,戰國至秦出於客",蓋其勢使然也。後之人不論其世,反從而鄙夷之,將孟子之歷聘周流其亦非耶?明乎此,則不敢菲薄諸子矣。

難者曰:諸子之術,有宋以來斥爲異端,誠不可也,然《志》謂"折之中道,可以興化致治",豈非諸子囿於偏方,不足爲圖治之要乎?曰:諸子蔽失,莊周以降俱言之矣,所貴善用之者,舍其短而取其長。必推之吾道之外,而一切遺棄之,謂其無裨治道,此何可哉?矧漢魏而後,家學不明,名爲崇儒,實則所以措之治理者,未必有合於經教。至於九流之學,方且視同敝屣,悉聽之若存若亡。今云"可以興化致治",修史者蓋欲人習乎其業,以爲治國之資,不必深閉而固距也。夫漢當文景之世,君臣相務以清净,則嘗以黄老治矣。迨武侯之輔蜀也,綜覈名實,信賞必罰,則又以申韓治矣。余故謂讀諸子者,苟使參乎時變,持爲設施之具,其與世之急欲求治而不學無術者,要不能同年語矣,況諸子固志在經世者哉!

## 《文心雕龍·諸子篇》

《文心雕龍·諸子篇》:諸子者,入道見志之書。太上立德,其次立言。百姓之群居,苦紛雜而莫顯;君子之處世,疾名德之不彰。唯英才特達,則炳曜垂文,騰其姓氏,懸諸日月焉。

昔風后、力牧、伊尹,咸其流也。篇述者,蓋上古遺語,而戰代①所記者也。至鬻熊知道,而文王諮詢,餘文遺事,錄爲《鬻子》。子自肇始,莫先於茲。及伯陽識禮,而仲尼訪問,爰序《道德》,以冠百氏。然則鬻惟文友,李實孔師,聖賢並世,而經子異流矣。

逮及七國力政,俊乂蠭起。孟某②膺儒以磬折,莊周述道以翺翔。墨翟執儉确之教,尹文課名實之符。野老治國於地利,騶子養政於天文。申、商刀鋸以制理,鬼谷唇吻以策勳。尸佼兼總於雜術,青史曲綴於街談。承流而枝附者,不可勝算,並飛辯以馳術,饜禄而餘榮矣。

暨於暴秦烈火,勢炎崑岡,而煙燎之毒,不及諸子。逮漢成留思,子政讎校,於是《七略》芬菲,九流鱗萃,殺青所編,百有八十餘家矣。

迄至魏晉,作者間出,讕言兼存,璅語必錄,類聚而求,亦充箱照乘矣。

然繁辭雖積,而本體易總,述道言治,枝條《五經》。其純粹者入矩,踳駁者出規。《禮記·月令》取乎《吕氏》之紀,三年問喪寫乎《荀子》之書,此純粹之類也。若乃湯之問棘,云蚊睫有雷霆之聲;惠施對梁王,云蝸角有伏尸之戰。《列子》③有移山跨海之談,

---

① "代",排印本作"伐"。黄本作"伐",馮本、活字本作"代"。孫詒讓謂當作"代",據改。下文按語亦作"代"。

② "孟某",《文心雕龍》原作"孟軻"。

③ "列子"二字,排印本誤脱,徑補。

《淮南》有傾天折地之説。此踳駮之類也。是以世疾諸混同虛誕。按《歸藏》之經,大明迂怪,乃稱羿弊十日,嫦娥奔月。殷湯如兹,況諸子乎?

至如商、韓,六虱五蠹,棄孝廢仁,轘、藥之禍,非虛至也。公孫之白馬孤犢,辭巧理拙,魏牟比之鴞鳥,非妄貶也。昔東平求諸子、《史記》,而漢朝不與,蓋以《史記》多兵謀,而諸子雜詭術也。然洽聞之士宜撮綱要,覽華而食實,棄邪而採正,極睇參差,亦學家之壯觀也。

研夫孟、荀所述,理懿而辭雅;管、晏屬篇,事覈而言練。列禦寇之書,氣偉而采奇;鄒子之説,心奢而辭壯。墨翟、隨巢,意顯而語質;尸佼、尉繚,術通而文鈍。鶡冠綿綿,亟發深言;鬼谷眇眇,每環奧義。情辨以澤,文子擅其能;辭約而精,尹文得其要。慎到析密理之巧,韓非著博喻之富。呂氏鑒遠而體周,淮南汎採而文麗。斯則得百氏之華采,而辭氣文之大略也。

若夫陸賈《典語》,賈誼《新書》,揚雄《法言》,劉向《説苑》,王符《潛夫》,崔寔《政論》,仲長《昌言》,杜夷《幽求》,咸叙經典,或明政術,雖標"論"名,歸乎諸子。何者? 博明萬事爲子,適辨一理爲論。彼皆蔓延雜説,故入諸子之流。

夫自六國以前,去聖未遠,故能越世高談,自開户牖。兩漢以後,體勢漫弱,雖明乎坦途,而類多依採,此遠近漸變也。嗟夫! 身與時舛,志共道申,標心於萬古之上,而送懷於千載之下。金石靡矣,聲其銷乎?

　　謙案:《論文》之作,始於魏文《典論》,至劉彥和《文心》出,遂集其大成。此篇自"孟、荀所述"以下,固論諸子之文,然所謂"述道言治,枝條《五經》",則是百家道術皆足推之治理,而其立言垂世無有乖於經教,彥和蓋深知之矣。且其言曰:"《禮記·月令》取乎《呂氏》之紀,三年問喪寫乎《荀子》之書",是又可見禮經之採及諸子也。夫《荀子》爲儒家記禮者,錄其篇目而入之於經,誠無不可;彼《呂氏春秋》者非雜家之書乎?今以其十二月紀載之《禮記》之中,豈以雜家者流雖不守一家,其學實兼綜儒、墨與?王充《論衡》曰:"知經誤者在諸子。"然則諸子之書有補於經,而後之儒者謂其離經畔道,真莊子所云"大惑不解"者也。

　　或曰:漢、隋以後志《藝文》者,不以諸子特立專部乎?曰:經之與子,其必分別部居者,是已。彥和亦曰:"聖賢並世,經子異流",彼固非謂丙部之中盡如孫卿、《呂覽》可爲禮家所徵引也,但經子之異流不可不知,而觝排諸子以爲是皆顯悖經旨者,則甚矣其非也。

　　雖然,彥和之說有不可不辨者焉。吾嘗讀其《夸飾篇》曰:"言峻則嵩高極天,論狹則河不容舠,說多則子孫千億,稱少則靡有孑遺",謂爲"辭雖已甚,其義無害",今乃於《列子》之移山跨海,《淮南》之傾天折地,與夫蚊睫之聲,蝸角之戰,反詆其踳駁出規,亦知諸子皆寓言,要可以夸飾之義觸類而長者也。昔孟子有言曰:"說《詩》者不以文害辭,不以辭害志,以意逆志,是爲得之。"蓋讀古人書，當得其志趣之所在，若拘執文辭，則不免固哉高叟矣。彥和既知《詩》《書》雅言，義多矯飾，而獨致譏於諸子，何其疏與！此當辨者一。

法家之學，其極也傷恩薄厚，非無慘酷之弊。然商鞅、韓非所以不善其死者，不由於此。何也？鞅之受刑，出於惠公之私意；若韓非者，徒以李斯見忌，自愧不如，遂使非蒙其害，豈皆崇法之過哉？雖六蝨、五蠹之説，或近於棄孝廢仁，顧法家者循名責實，儒家末流之失，往往有高談忠孝，緣飾仁義，考其行事，不必相符者，商、韓故痛斥之。彥和以爲輗、藥之禍，實本於茲，則亦未就其所處之身世而細參之也。此當辨者二。

名家之公孫龍，其"白馬非馬"之論，在戰國時固黜其辭、勝於理矣。今讀龍書，若《指物》諸篇，辭涉虛玄，幾有索解而不能得者。但取其意而推闡之，則辨名正物，爲人君者庶不至淆亂是非矣。魏牟者，其書久不傳，按之《漢志》，則道家也，鵷鳥之喻，乃其宗旨不同耳。（據《列子》，牟亦盛稱龍者。）彥和謂貶之非妄，是楚則失矣，齊亦未爲得也。此當辨者三。

然而"極睇參差，學家壯觀"，彥和之爲是言，固欲後之文人上窺百氏，有以取法之也。不然，彼特衡文耳。衡文而不棄諸子，非其識與輕肆擊彈者大相不同哉？且諸子之書皆非自撰，曰"篇述者，上古遺語，戰代所記"，在彥和，雖第舉風后三家言之，吾嘗謂儒家如晏子，道家如管子，皆七國戰爭之世爲其學者所錄，始從而箸之竹帛，今得此説乃益信也。即如《鬻子》，今所存者似類後人所爲，然道家者君人南面之術，則所論用人慎刑之理是真道家之恉也。彥和云："餘文遺事,錄爲《鬻子》",後儒不知,稱爲僞造者,夫亦昧其指歸矣。聞之昌黎韓氏曰："荀與揚,大純而小疵。"夫荀卿論學,一宗於禮,所言未必不純,若劉氏此篇,儻所謂"大純小疵"也乎?余故辨其謬誤,並就言之成理者引而伸之,後之知言君子可以覽觀焉。

又案:諸子之學始於周初,盛於戰國,至漢魏以後,其學則不復聞矣。嘗推原其故,東京而下,別集既興,士之志在立言者,不必守專家之業。或闡經義,或法史傳,皆以入文集之中。故隋唐史志於名、墨、縱橫,僅取爲之注釋者,以備家數,而儒、雜二家且互有出入焉。此可見百家學術,自集部行而衰微不可言矣。顧以此篇考之,若陸賈《典語》、賈誼《新書》,與揚雄之《法言》,劉向之《說苑》,王符之《潛夫》,此數子者豈不卓然儒家哉?其他崔寔之《正論》,則法家也;仲長統之《昌言》,則雜家也;杜夷之《幽求》,則道家也。固亦旨無旁雜,自成一家之言。然彥和已謂"雖明坦途,類多依採",則後世學者著書立說,既不及陸氏諸賢,真可等諸自鄶存而不論也。(余此書故以周秦爲斷。)

雖然,始於周初者,何謂也?曰:彥和不云乎?"鬻熊知道,而文王諮詢,遺文餘事,錄爲《鬻子》,子自肇始,莫先於茲",則諸子之興,權輿鬻子,非其明證歟?顧在春秋時,儒家則有晏子,道家則有管子,陰陽家則有司星子韋,名家則有鄧析,雜家則有伍子胥、由余,小説家則有師曠,兵家則有孫武、范蠡、大夫種、萇弘。諸家並作,是亦彬彬乎盛矣。豈知彼特各推所長,出而經國,未嘗持以名家也。持以名家而遂臻極盛者,非當戰争之世乎?所謂"七國力政,俊乂鼍起"者,此也。且夫文至六朝,衰敝甚矣。(六朝文弊,去諸子家學遠矣,然讀駢文者當以六朝爲法。)彥和於論文之中,兼衡諸子,雖所言不無蔽短,而能識其源流得失。則此書以"雕龍"標目,可知彥和竊比鄒奭,將以自名一子矣,豈不休哉!

又案:東平王求諸子,漢朝不與,彥和謂"雜有詭術",其説良是。余之撰《諸子要略》終之以《正心篇》者,蓋亦恐學者宅心不正,授以諸子之言,爲虎傅翼,將有作事害政之虞焉。然吾讀孫武之書矣,其言曰:"兵者,詭道,能而示之不能,用而示之不用,近而示之遠,遠而示之近",則武在當時,能使吴以僻處之國雄長諸侯者,實由詭道得之也。夫兵以奇勝,有正而無奇,必爲宋襄之仁義,自取敗亡矣。昔聖人之論行軍曰:"好謀而成",是用兵之要,首在權謀也。以此推之,諸子詭術譬諸兵家,固識時務者所不能廢。抑吾又讀《戰國策》矣,張儀之誑楚也,願納商於之地,使絶齊交,卒之楚受其欺,懷王遂客死於秦。議此事者,莫不責儀之變詐矣,然平心而論,儀之險惡,玩人股掌,在楚言之,則罪不勝誅,若在秦言之,則儀真秦之功臣也。夫儀之家學非所謂縱橫乎?縱橫一流,爲古者掌交之職,即後世之使臣也。嘗謂奉使出疆者,苟知交鄰之道,能於口舌之間隱消禍亂,雖擇術或出以詭譎,其功又何可輕視哉!是故諸子之書即有詭術,亦在人善用之耳。

昔唐之吐蕃國,雠也,以《詩》、《禮》、《春秋》爲請,于休烈曰:"資之以書,使知權略,非中國之利。"其時裴光庭駁之曰："吐蕃久叛新服，賜以《詩》、《書》，庶使漸陶聲教，化流無外。"於是元宗從之。階是以觀，漢之秘惜諸子，不以給東平之求，雖得杜漸防微之意，實不免鰓鰓過慮也。何則？諸子者，实用之學，誠使舍短取長，真足以通萬方之略。儻必如秦之燔滅古文，以爲如此則愚民不敢爲非，豈知愚民者適所以自愚乎？

且漢崇經術矣，張禹以《論語》，王莽以《周官》，天下卒蒙其害，以此可見學術之患在人，而不在書也，又豈經教之咎哉！故由吾言之，讀諸子者果識其救時之志，要無庸巧詆而深排焉。不然，武侯以名法治蜀，魏徵以縱橫相唐，古人有取以經國者矣，亦何病於諸子而必屏棄不觀也乎！

## 韓淲《澗泉日記》

韓淲《澗泉日記》：秘書監王欽臣奏差真靖大師陳景元校黃本道書，范祖禹封還，以謂："諸子百家、神僊道釋，蓋以備篇籍，廣異聞，以示藏書之富，非有益於治道也。不必使方外之士讎校，以從長異學也。今館閣之書，下至稗官小說，無所不有。既使景元校道書，則他日僧校釋書，醫官校醫書，陰陽卜相之人校技術，其餘各委本色，皆可用此例，豈祖宗設館之意哉？"遂罷景元。

  謙案：校讎之學，昉自西漢。當成帝時，中書散逸，於是遣謁者陳農搜緝遺亡，而使劉子政氏爲之檢校。每一書已，向則條其篇目，撮其指歸，即所傳《別錄》是也。顧向之所校者，僅經傳、諸子、詩賦而已，其餘兵書則任宏，術數則尹咸，方伎則李柱國，各設專官，不復雜以他職。豈非學有專長，不如此不足推明義理而辨其得失之所在乎？范氏恐異學競起，不欲令道書之校屬之景元，其用意亦未嘗不是；不知僧校釋書，醫官校醫書，陰陽卜相之人校技術，苟欲識學術源流，正當委諸本色，盡用此例。何則？校理秘文，必待顓門名家，乃能討論精詳，有功墳籍也。不然，漢代校書，術數何以責太史？方伎何以責侍醫？而《兵書》一略何以修之於步兵校尉哉？然則范氏之言不可信矣。

今夫諸子百家，其學皆思以求治也，何以知其然哉？試徵之墨子，其《魯問篇》曰："國家昏亂則語之尚賢、尚同，國家貧則語之節用、節葬，國家憙音湛湎則語之非樂、非命，國家淫僻無禮則語之尊天、事鬼，國家務奪侵凌則語之兼愛"，是墨子通權達變，不囿偏隅，固將以其道措之治術者也。夫墨子，非孟、荀以下所群相擯黜者哉？乃其所以相地而施者，蓋欲擇術以圖治也。況公輸攻宋，孟子拒之，其非攻之說又足見之行事乎？若是墨家且然，彼道、法諸家有不志在經世者與？司馬談曰："陰陽、儒、墨、名、法、道德，此務爲治"，即其明證也。

且夫書之有益治道，亦在讀之者何如耳。古之儒者，以《論語》文姦言，以《周官》立新法，依託《六經》，卒至誤國。烏可以行之有弊，遂謂經教無裨治化哉？諸子之書，使得善讀者神而明之，則正治理所資也。范氏乃謂"備篇籍，廣異聞，以示藏書之富"，彼殆未深於丙部矣乎！昔唐之魏徵，賢相也，所著《群書治要》博取諸子，可知有宋以前，爲人臣者苟足助益治理，未有遺棄諸子者也。若以爲此特示藏書之富，是既不求之有用，甚且以諸子救時之學，玩視之而無足重輕也。夫諸子豈可玩視哉！

## 莊元臣《叔苴子·內篇》

莊元臣《叔苴子·內篇》：《易》道於九流家言，無所不有。《履》之卦，儒家流也。《艮》之卦，釋家流也。《頤》之卦，墨家流也。《井》之卦，道家流也。《噬嗑》之卦，法家流也。《同人》、《節》卦，墨家流也。《睽》之卦，楊朱家流也。《師》之卦，兵家流也。《大畜》之卦，術家流也。《巽》之卦，權奇家流也。治方術者各得一察焉以自好，自以爲得儒者所未得，而儒者亦拒之於道外，不知其未始不出吾宗也。譬如始祖既遠，本支繁昌，子孫千億，不相辨識，遂以塗人視之，而獨守一大宗以爲本族，不亦隘乎？此不明於《易》故耳。故曰"《易》冒天下之道"，又曰"天下之能事畢矣"，惟深於《易》者知之。

> 謙案：《易》之爲書，廣大悉備。自漢以來，言神仙修煉者則有《周易參同契》，言陰陽占驗者則有《周易洞林》諸書在，不知者或病其依附聖經，流爲異學，豈知此固《易》道之大，無所不該也。不甯惟是，如莊氏言，非諸子家學亦於是乎具之哉？

或問：《履卦》之爲儒家，何也？曰：《説文》："禮者，履也。"《象傳》："上天下澤，履，君子以辨上下，定民志。"蓋正名定分，儒家經世之恉，故《晏子春秋》其開宗明義則以禮義爲言，《荀子》全書凡論治論學，無不約之於禮也。

或曰：《頤》之卦，《同人》、《節》卦，其爲墨家流，何也？曰：《班志》於墨家云："養三老五更，是以兼愛。"《頤》之象傳則曰："天地養萬物，聖人養賢，以及萬民。"豈非墨子兼愛實得《頤》之用乎？《同人》者，以和同爲貴，即墨子尚同之意。《節》卦者，以節儉爲宗，即墨子尚儉之説也。由是觀之，墨家一流宗旨所在，不爲《易》所囊括者哉？

或又曰：《井》之卦，《噬嗑》之卦，其爲道、法二家，何也？曰：道家重養生，《井》"養而不窮"，是道家所本也。《噬嗑》曰："先王以明罰敕法"，則法家之信賞必罰導源於此，亦可知矣。

雖然，《師》之卦爲兵家，《大畜》之卦爲術家，則又何説？曰：以經義考之，"師出以律，否臧凶"，足見用兵之要在嚴紀律也。《雜卦》曰："《大畜》，時也。"天文家歷象日月星辰，敬授民時，故術數家出於《大畜》也。

莊氏曰："《易》道於九流家言，無所不有"，詎不信哉！若夫道家之外復有楊朱家，兵家之外復有權奇家，此分析過甚，不必置辨。至釋氏晚出，以《艮》爲釋家，雖得"艮止"之義，要非古之九流，則更無論矣。然莊氏之深於《易》學，並能知百家異術皆會歸於《易》，可謂好學深思，心知其意，又豈淺見寡聞者所可同日語哉？後之儒者拒之吾道之外，而目諸子爲異端，亦足以憬然悟矣。

夫無諸子而聖人之經尊，有諸子而聖人之道大，此固余一己之私言，然徵諸《論語》，有顯然易明者。何則？"無爲而治"，"恭己南面"，道家之爲也。"必也正名"，"名不正則言不順"，名家之爲也。"節用愛人"，"儉吾從衆"，墨家之爲也。"道之以政，齊之以刑"，法家之爲也。"使於四方，不辱君命"，縱橫家之爲也。"雖小道，必有可觀"，小説家之爲也。"臨事而懼，好謀而成"，兵家之爲也。

子貢氏有言曰："不得其門而入，不見宗廟之美，百官之富"，所謂"百官"者，即百家也。蓋言孔子之大，所以百家騰躍，終入環内者也。夫聖人爲儒家之祖，不廢百家。爲儒家者，乃獨守一大宗，視諸子爲途人，莊氏譏之，並爲之罕譬而喻。然則以此爲坊，後世猶有肆力觗排者，夫亦不可以已乎！

且《漢書》《諸子》一略，既以儒家之學列諸九家之首，其序則曰：彼異家者，"《六經》之支與流裔"，又曰："習《六藝》之文，觀此九家之言，可以通萬方之略"，是孟堅明示人以儒道雖高，不可深閉固距，遂掩諸家之所長也。不此之察，復從而非毀之、屏棄之，學者之黨同妬真，所不免隘陋之誚乎？

雖然，學者之不免於隘陋，蓋有故矣。學術之原，始於象數。後之解《易》者，或明義理，或詳災異，彼且不知先聖作《易》之指，而諸子又鄙之爲不足道。語曰："整派者依源，理枝者循幹"，此後世所以不多覯也。莊氏責其"不明於《易》"，誠哉是言！

## 焦竑《筆乘》

焦竑《筆乘》：朱子解經不爲無功，但於聖賢大旨未暇提掇，遇精微語，輒恐其類禪，而以他説解之，是微言妙義獨禪家所有，而糟粕糠秕乃儒家物也，必不然矣。

趙學士孟靜云：昔讀《朱子私抄》，未嘗不惜晦翁之不嗇於言，而勇於争論也。往讀荀卿譏孟子"略法先王而不知其統"，未嘗不駭其言也。及探道日久，心稍有知，回視孟子之禽獸楊、墨，竊謂持論之過嚴矣。夫二子之學要有所本也，墨子本於禹，楊子本於黄帝、老子，皆當世高賢，其學本以救世。至其徒之失真，則非二子之罪也，遽極其討伐而擬諸禽獸，非不深究先王之學術亦各有在之過乎？謂之"略法"者，以言不深考云耳。夫孟子法孔子，則孔氏以前有所不暇考，荀氏之言或未爲過。至謂"不知其統"，則決不敢以荀言爲然。何者？統者，道之宗也，言之所由出也。立言而無其宗，如瞽在途，觸處成窒，豈宜以論孟氏也？孟子之宗，"持志養氣"是也，義即子思之"中和"也。夫晦翁法孔孟，法堯舜，堯之授舜曰"執中"，而子思訓"中"爲"喜怒哀樂之未發"，翁則以人自嬰兒以及老死無一息非已發，其未發者特未嘗發耳，其非子思之旨明矣。至末年乃歎師門嘗以爲教，顧已狃於訓詁文義而未及求，至老年尚起望洋之歎。不知翁之姑爲是謙退耶？抑所造實若此耶？使所造實若此，則翁所法孔子之統者何在？夫晉鄙之未遇魏公子也，猶三軍之主也；及公子一旦奪符，而鄙休矣。故三軍從符，而不從將者也。千聖之統，一符也；千古之聖賢，一公子也；千古智愚之心靈，一三軍也。翁之統一諸子者，不能合符孔氏，則雖評隲之工，彈說之盡，椎擊之便，剝剔之精，但服其口而不能服其心矣。蓋自孔子沒而微言絕，芬芬好飲食而尠廉恥，以《詩》《書》發冢者塞路矣。故荀卿斥之爲賤，而莊生欲齊物論也。夫"物論"者，謂人各是其是而非其非，故曰"大言炎炎，小言詹詹"，如衆竅之號，而各據其翏翏刁刁，以相爭於靡然之途者也。夫莊子之雅意，欲息諸子之爭論，以相忘①於道術之中云耳。顧雖程、邵大儒亦不之察，乃去其"論"字，直以莊生爲欲"齊物"，如孟子稱"物之不齊"之物，乃曰莊生欲齊物而物終不可齊。嗟乎！文義尚不知解，況肯會其意乎？後之善談道術如莊生者，莫如太史公也。太史公嘗論六家指要矣，曰：吾於道家取其長焉耳，吾於儒家取其長焉耳，吾於墨家、名家、法家、陰陽家皆取其長焉耳，其短者吾直棄之已耳。所貴於折群言之衷者，不當如此乎！今觀晦翁之書，其所評隲千古，彈說百家，椎擊名士，剝剔群言，不遺餘力矣。有曰"吾於某而取其某長"者乎？有曰"古之學術有在於是，某乃聞其風而興"者乎？有曰"各以其

---

① "忘"，排印本誤作"妄"，《筆乘》作"忘"，據改。

術鳴,而同於一吹,目爲天籟"者乎?故予嘗謂學術之歷今古,譬之有國者:三代以前,如玉帛俱會之日,通天下之物,濟天下之用,而不以地限也;孟、荀以後,始加關譏焉,稍察阻矣;至宋,南北之儒殆遍羅曲防,獨守谿域,而不令相往來矣。陳公甫嘗歎宋儒之太嚴,惟其嚴也,是成其陋者也。夫物不通方則國窮,學不通方則見陋。且諸子自董、楊以下,蘇、陸以上,姑不論;翁法程、張矣,而不信程、張;尊楊、謝矣,而力闢楊、謝。凡諸靈覺明悟,通解妙達之論,盡以委於禪,目爲異端,而懼其一言之浼己。顧自處於日看案上《六經》、《論》、《孟》及程氏文字,於一切事物理會以爲極致,"太極"、"無極"、"陰陽"、"仁義"、"動靜"、"神化"之訓,必破碎支離①之喜。稍涉易簡疏暢,則動色不忍言,恐墮於異端也。昔項氏父子起江東,以尊號與楚心;劉伯升兄弟起南陽,以尊號與更始。皆授人以柄而後爭,則久已出其下矣。晦翁之論以爲闢禪,而不知其實尊禪。夫均一人也,其始可以學禪、可以學儒也,謂"靈覺明妙",禪者所有,儒者所無,可乎?非靈覺明妙,則滯窒昏愚,豈謂儒者必滯窒昏愚而後爲正學邪?子思曰:"惟天下聰明睿智,足以有臨。"《繫傳》曰:"古之聰明睿智,神武而不殺。"是豈塵埃濁物,昏沈鑽故呞而已邪?僕往日讀朱子書,其論如此。

---

① "離",排印本誤作"雖",《筆乘》作"離",據改。

又欲以暇日披覽抉摘，取其合者爲一編，別爲一書以表諸子。凡經朱氏掊擊者，明其學之各有宗也。附於莊生道術之後，以繼鄒魯縉紳之論。以關涉頗大，力未必能遽爲而止也。

謙案：宋儒論性溺於禪學，朱子解經恐其類禪，而以他語解之者，蓋睹理學末流之失，思有補救之耳。焦氏之解《論語》也，雜用禪理（即見本書），是彼自惑於釋氏，汩亂聖經，而反以詆謗朱子矣，夫朱子豈可詆謗哉！雖其中以南北宋儒者，謂其"遏糴曲防，獨守谿域，不令往來"，固亦持之有故而言之成理者，然當佛學熾昌之日，獨能修明聖教，爲吾道之干城，朱子之功眞不在孟子下矣。焦氏任意抨彈，可謂多見其不知量也。顧吾讀《國史·經籍志》矣，考鏡源流，辨別得失，焦氏於諸子家學果有深知而灼見者。則此篇之誹毀朱子，是其意之所重，在表章百家，故顧此者不免失彼也。若是，立言之難，不亦信哉！

夫諸子之術，各有所宗。焦氏曰："墨子本於禹，楊子本於黃帝、老子，皆當世高賢，其學本以救世。至其徒之失眞，則非二子之罪。"斯可見墨子之兼愛至於無父，楊子之爲我至於無君，乃數傳以後學者失眞之過耳。且墨子之言曰："凡入國，必擇務而從事焉。國家昏亂則語之尚賢、尚同，國家貧則語之節用、節葬，國家憙音湛湎則語之非樂、非命，國家淫僻無禮則語之尊天、事鬼，國家務奪侵凌則語之兼愛。"楊子之言曰："伯成子高不以一毫利物，舍國而隱耕。大禹不以一身自利，一體偏枯。

古之人，損一毫利天下不爲也，悉天下奉一身不取也。人人不損一毫，人人不利天下，天下治矣。"由此觀之，楊、墨之道雖有蔽短，其始皆經世之術也。焦氏稱其"本以救世"，豈非知言之君子哉！

抑諸子爲專家之業，其互相駁擊者，亦欲以自明所長耳。昔荀子之非十二子，於魏牟諸家不嘗斥其"欺惑愚衆"乎？乃《天論篇》則曰："墨子有見於後，無見於先。老子有見於詘，無見於信。墨子有見於齊，無見於畸。宋子有見於少，無見於多。"此足徵古人持論，出於至公，不以宗旨不同，凡異己者，苟有所見，遂從而堙没之也。焦氏據史談之《六家要旨》，而美其能折群言之衷，然則後之儒者不問諸子是非，而一切排擯之曰："是異端也！是異端也！"其識之褊隘，不與焦氏甚相遠哉！往者劉向之校中秘也，於《六藝》、九流皆能條其篇目，撮其恉意。吾嘗以《別錄》散亡，而爲之搜輯佚文矣。今焦氏欲別著一書，以附莊生道術之後，使其書果成，當必有卓然可傳者也。特惜以關涉之大，未能遽爲而止。嗚呼！余此書之作又可少緩乎哉！

又案：孟子之於楊、墨，所以辭而闢之者，蓋以當時聖道不明，學者皆趨於楊、墨，故痛抑之，以爲衛道計耳。其言曰"豈好辨哉，不得已也"，豈非楊、墨之距，特以潤色儒業，而伸此者不能不絀彼乎？且孟所距者，以其時考之，乃在楊、墨之徒，非親與二子相攻也。（楊朱，老子弟子。墨翟稍後孔子。）不然，楊子之爲我，墨子之兼愛，何以孟子亦取之，而獨責其執中無權、舉一廢百乎？（此章"楊子取爲我，拔一毛而利天下不與；墨子兼愛，摩頂放踵,利天下爲之",尊之曰"子",僅辨其學之術之不同,而其下則譏子莫之"執中",可知孟子亦取楊、墨。)以此觀之,所謂"楊氏爲我,是無君也;墨氏兼愛,是無父也",別之爲"氏",而比之於禽獸者,則亦黜後世之流弊耳。焦氏謂"徒之失真","非二子之罪",其説當矣。而於孟子則曰:"孟子法孔子","孔氏以前所不暇考",是未知"極其討伐而儗諸禽獸",孟子之貶斥楊、墨即在末學失真之過,誠非不能深究先王學術,樂爲此曉曉之辨也。

抑荀子,儒家也。儒家之中,宗旨有異焉者矣。荀子長於禮,其非孟子"不知其統",蓋孟子之道重在仁義,而禮制則在所略也。荀子曰:"將原先王,本仁義,禮正其經緯蹊徑",是荀子之意,以爲欲行仁義,當以禮教爲先耳。然則"不知其統"者,非譏孟子之不統於禮乎?(詳見前卷。)焦氏不識孟、荀異同,而不敢以荀言爲然。吾固非尊荀而抑孟者也,但以荀子之學一本於禮,非十二子而兼及思、孟者,實取禮以爲之斷,此則不可不知者也。故余既嘉其能知百家得失矣,凡此二者焦氏則語焉不詳,復爲辨正之如此。

## 文震孟《諸子彙函·序》

文震孟《諸子彙函·序》:自漢史遷爲《六家指要》之説,而劉歆則有《七略》,班孟堅作《藝文志》又有名"十家"者。後分四部之書,而諸子百家皆列於子部。隋唐以降,凡儒、道、法家,名、墨、縱橫之類,與《六經》並陳,蓋其精神意識,上下千百禩翊文運而行,雖升沈代謝,而單詞隻字能收豪傑之魄,破英雄之膽,《六經》、諸子寔相表裏。若模稜而求,輒目子爲異端,則孤村酸腐,誠不知天之高、地之下,而何足與之論《六經》哉?震川歸先生慨慕荆州,志起八代之衰,自許一生得力盡在諸子。其讀子故有心法:氣聽神視,意色俱忘。居平披覽子集亡慮百家,朱緑玄黄,終始互易,見者莫測其津涯。有淵博家競覓刻本,對簡摹臨,而書種不周,徒興浩歎。昨歲賈人先行《老莊合刻》,舉世争嗜,如飲醍醐,則諸子之散見者,何可弗合?喜先生於《老》《莊》全帙煇煌,而諸子尚以篇法賞其奇,就先生所玩味者彙録成函,奚囊簇錦,不亦快乎?此余夙願,而賈人領之,遍購先生所評閱諸子,託諸副墨,俾余得縱觀焉。因想先生讀子心法,匪特以古人用我,而直以我用古人也。諸子言人人殊,我挹取其靈襟,出玄心以剖合焉,斯諸子之奇皆我之奇①,胸中闔闢,自成今古。宜嘉隆以來,大地文章,先生獨刱其局。彼戔戔者流,侈口矜得真傳,究皆浮浪,倘亦未悉先生之讀子乎?則此《彙函》之刻,誠不容稍後夫《老》《莊》矣。雖然,淺深同異,惟上士嘿察其精,不者胡足語此!即余揮麈空譚,亦癡人説夢耳,奚贅爲?

謙案:有明之世,古文大家首推震川歸氏,以此序觀

---

① "皆我之奇"四字,排印本誤脱,據《諸子彙函》補。

之,則歸氏又深於子學者也。雖其中以屈原爲"玉虛",宋玉爲"鹿谿",凡若此類,所標名目,近於鄉壁虛造,爲通識所不取,然甄錄全篇,不加刪削,勝於尋章摘句、僅備詞章之用者多矣。且屏諸子爲異端,自宋以來,莫不如此,今文氏曰:"《六經》、諸子實相表裏,模棱而求,輒目子爲異端,孤村酸腐,何足與論《六經》?"是其湛精家學,知其有輔經教,而"異端"之説,爲所深惡,有先得我心同然者也。雖然,讀諸子者,要當通其學術。歸氏"心法"之論,不過使能文之士略法諸子而已。余往聞章實齋之言曰:"三集既興,九流必混。"又聞惲子居之言曰:"百家之敝,當折之以《六藝》;文集之衰,當起之以百家。"

嘗輯《十家文編》。(此書以周、秦、西漢爲斷,皆《班志》所載,惟不錄本書,不欲如歸氏之妄爲筆削,以己意去取,故文必錄其見諸他籍者。)於一篇之後,發明其宗旨,俾誦其文者或可因言以見道,並自爲之序曰:

《六經》而後,奇文鬱起,其諸子哉!夫諸子蠭作,道源職官。《七略》要刪,晞驥乎隆古;五代條别,探驪乎成周。以二説衡之,其唯隋①之《經籍》乎!何者?官禮猶在,可質而言焉。昔周之文治,俶落姬旦,事爲之制,世食其官。鉅而天地四時,微而輪輿百伎,莫不斠然爵序,詒厥燕謀。其時司徒爲儒,太史爲道,小説則有誦訓,從横則有掌交,凡夫名、墨、陰陽,皆得循其憲章,資爲故實。上以之爲政者,下即以之爲學,雖經典亦官守之書,

---

① "隋",排印本誤作"隨",徑改。

而私師無撰述之例，所以一道同軌，彬彬乎休矣哉！東遷以降，王略中否，天子失官，諸經去籍，國殊俗異，而亂端肇於此矣。於是夷吾體道，豎九合之勳；平仲純儒，補三朝之闕。子胥雜服，吳俚以主盟；鄧析名言，鄭用其簡瀁。蓋諸子家學往往間出矣。棲遲至於戰國，七雄力政，百氏響轇，而遂偶極盛焉。然孝公兼并之心，商君俌以六法；昭侯富強之效，申子行其三符。吳起翼魏以兵謀，張儀成秦於橫道。雖學不宗聖，或篤守其家言，然功在傾危，足垂暉於國策者焉。若夫儒學告衰，荀、孟於焉潤色；道術將裂，列、莊以爲寓言。墨氏崇儉以通權，韓子明法而孤憤。其持之有故，言之成理，圖傲乎救世之士哉！故其顯嘿不同，而爲有用之學則未之或異也。且夫諸子豈欲以文傳哉？然而蜚辯以馳術，亦若稟經而立言矣。是故道家之尚嗛柔，陰陽之闡幽眇，《易》理也；縱橫之嫚頡對，小說之原稗官，《詩》教也；悝、鞅立法，賞罰綦嚴，有《春秋》褒貶之旨也；尹、惠正名，異同別圃，有《禮經》貴賤之差也。蓋以《六藝》彌綸，守臧柱下，所緜百家騰躍，終入環中者也。《漢志》晰其流裔，《文心》哲其枝條，豈不然哉！乃後世屏爲異端，眛其宗旨。於是荀卿善禮，偶性惡而見訾；老氏守中，淆神仙而等跡。公孫之名實，黜之爲詭辭；韓客之孤忠，疑其爲游說。其佗舐排攘斥者，不可勝祘。而妄以九流之術，謂非六學所該，異哉，此儒者之所以無脾世用也！夫無諸子而聖人之經固尊，有諸子而聖人之教愈大，不然，得門足見百官，吾道何爲一貫哉？嘗試方之：國建相臣，不曠郡縣；家承宗祖，是粵曾昺。今謂台鼎高華，無取乎令長；枝葉流衍，必非其本根，有厥理乎？吾知其不克通也。雖然，《隋志》則編四部，漢武則擯百家矣。夫仲舒顯儒，欲以表章《六藝》，商准一尊可也。豈虎觀説經，遂謚《通德》；龍門列傳，廑列《儒林》乎？炎劉一代，崇尚專家。晁錯則以法鳴，洪烈則以雜著。陰陽則張蒼之歷牒，小説則安成之《未央》。蒯通、莊安，則從衡之詞命焉；蔡葵、氾勝，則農稷之樹植焉。至若王符《潛夫》，應奉《後序》，崔寔《月①令》，仲任《論衡》，罔不新薄芬菲，今書輝炳者矣。迺謂儒術以外，遂非王道所庸，不亦謬哉！夫葛亮之治蜀也，以刑法約之；元成之相唐也，以縱橫出之，要在用之何如耳。必菲薄諸子，非俗儒之見與？於戲！漢魏嬗攘之際，其子集升降之交哉？曹氏開基，偏重文學，由是孔璋以符檄流聲，徐幹以論賦標嫩，建安蓬轉，後來用爲美談矣。遝至典午，世益迍邅。叔夜師心，嗣宗使氣，元亮則落落孤賞，景純則彭彭欲僔。雖時扇元風，流及文體，本漆園爲模則，成藏室之義疏，近於道家之所爲，而要爲文苑之傑出也。然其間偉長《中論》，儒道也；桓範《世要》，法制也。魏文之士操，刑名之指也；邯鄲之《笑林》，小説之遺也。張華《博物》，爲雜家淹貫之長矣；虞喜《安天》，得陰陽歷象之術矣。彼如譙周《法訓》，杜夷《幽求》，劉廙《政論》，姚信《士緯》，楊偉之《時務》，裴啟之《語林》，皆足掞藻名家，齊鑣戰代者也。宋齊而下，去古愈遐。欲如梁元《玉韜》，臺卿《寶典》，斐然有作，戛乎其難。於時文擅麗辭，學開音韻，雖亦自成馨逸，不免

---

① "月"，排印本誤作"日"，據《隋志》改。

取誚俳優矣。是時厥後，唐工詩賦，宋言性理，而諸子經世之書餘風蔑如，不重可唏哉！雖然，有唐取士，兼採衆流，今觀異家之注，駢溱鋒出。楊倞則釋《孫卿》矣，知章則箋莞氏矣，元英則造《莊疏》矣，牧之則攻武書矣。雖不能考竟源流，辨章學術，亦一時之盛也。至於魏徵《治要》，馬總《意林》，則尤芟截浮詞，將以發搞行事者矣。夫諸子各推所長，以明其指，固未有不述道言治者也。乃昌黎韓氏欲以《三蒼》古文之名，而起八代積衰之習。於是匈馳臆斷，肆田巴之譏彈；鑱短簡長，操魯①之筆削。而柳子厚坿之，遂使蘭陵定小疵之論，圉寇受異術之嘲，何其好爲妄言若此乎！《典論》曰："文人相輕，自古已然"，吾於茲見之矣。夫青藜校閱，紅休承流，果能撮其指歸，條其篇目。下此者若《中經》、《阮錄》，大體雖準向、歆，而已不逮矣。宋儒蔑古，聞風而興。晁公武之《讀書》，高似孫之《緯略》，馬貴與之《通考》，陳直齋之《解題》，紙札無情，任其搖裂；高下隨意，挾以愛憎。或執聖道以相繩，皆各錯《別錄》而虛造，不能不歎息恨痛於作俑者也。乾嘉諸儒，獨樹漢幟，經釋之餘，旁及諸子。商榷宋明之本，理董文字之間，第璅璅考訂耳。其如章實齋之精於校讎，汪容甫之徵其流派，豈堪多覯哉？近世陳蘭父輩又强取《墨辯》之篇，附會格致之學，自此說出，而新書可列小康，兼愛謂爲平等，更不勝窮詰矣。今夫諸子豈欲以文傳哉？然而體要則告備於斯也。韓公子之《儲說》非連珠之權輿乎？孫祭酒之《成相》非宋

---

① "魯"字上下，疑脱一字。

玉之辭賦乎？枚乘《七發》不本《孟子》之尊古制乎？《呂覽》六論不啟班氏之議王命乎？是可知諸子者，群言之祖，鬱鬱哉，質有其文者焉。後之文言，制儷語者作六代之耳孫，趣單行者奉八家爲鼻祖，彼其際黃初之清綺，赤運之雄恢，且謂灝乎莫及矣，況諸子哉！夫整派者依源，理枝者循幹，萬事有之，文亦宜然。豈矧董、傅諸書並載山川之頌，徐、樂敷奏屢陳土瓦之形。家令知兵，欲銷邊釁；長沙痛哭，遂留政書。俱爲表章之篇，不入詩賦之略。當日中壘別白，汗簡殺青，必統歸子薄矣，非即後人別集哉！善乎劉彥和之論文也，其言曰："孟、荀所述，理懿而辭雅；管、晏屬篇，事覈而言練。御寇之書，氣偉而采奇；鄒子之說，心奢而辭壯。墨翟、隨巢，意顯而語質；尸佼、尉繚，術通而文鈍。鶡冠綿綿，亟發深言；鬼谷渺渺，每環奧義。情辨以澤，文子擅其能；辭約而精，尹文得其要。慎到析密理之巧，韓非著博喻之富。呂氏鑒遠而體周，淮南氾①採而文麗。"然則其《諸子》一篇，固以爲"極睇參差，學家壯觀"矣。乃昭明入選，諸子遺焉。於是寶臣《文萃》，天爵《文類》，不過罤牢彙製，或期裨益史成，如是而已。我朝惜抱《類纂》，爰瘳其失，博綜今古，而諸子始有甄采也。但猶語其體裁，未皇詳其派別，則仍《文選》之爲例不純矣。蕭氏《自序》有云："老、莊之作，管、孟之書，蓋以立意爲宗，不以能文爲本"，明其不登諸子，不欲齊之文集，其識不誠卓哉！何以賈誼之《過秦》，揚雄之《解嘲》，鄒陽之《上書》，方朔之《答難》，不聞

---

① "氾"，排印本誤作"汛"，徑改。

儲之別簡，録爲顓書，將獨非諸子乎哉？夫唐宋文家，若韓愈之儒，宗元之名，杜牧之兵，安石之法，其足成一子，世之善文者多能道之。今使取三代以來，下訖西漢，輯其篇章，釐其區囿，俾籀其文者因言見道，斯非來學快事哉？余既作魏晉流別，約之諸子矣，經怪鍾鏢①品詩，知幾譚史，皆網羅閎富，揚搉是非。雖《子鈔》靭自休文，《子要》成於藏用，未必如史談之《要指》，況其爲《酒誥》之俄空？嘗撰《子通》一書，挈其綱矩，復匄古人異論，而箸《諸子通考》矣。今者萃玆十家，都爲一集。以爲諸子之書，其所以鼎然靈光，未盡闃焉蓋缺者，猶恃人之不廢斯文也。有明之世，鍾伯敬之《銓品》，歸震川之《彙函》，別五色而辯驪，詡九方之相馬，其自標獨鑑，閟若傳燈，固卑無足論，而諸子之待文而存，實有繫乎此也。夫祖述唐虞，留思仁義，儒家文也；鑒觀成敗，秉執撝謙，道家文也；循聲責實，尊君卑臣，法家文也；歷説權宜，熄兵弭患，從橫家文也。於是暝鈔昕寫，提要鉤元。宗東觀之舊目，唯貿其農；慕西京之見存，先通其意。庶幾有嗜古者持此以往，不特百慮同歸，足以闚瞯户牖，抑且三集岐出，不難指揮廟堂矣。將知言君子，必亦有樂乎是也。

爰録序文於此，好學治古文者可以觀矣。

---

① "鍾鏢"，今通作"鍾嶸"。

# 諸子通考卷三

## 內篇考三

### 《漢志·諸子略》

《漢志·諸子略》：儒家者流，出於司徒之官，所以助人君，順陰陽，明教化者也。游文於《六經》之中，留意於仁義之際，祖述堯、舜，憲章文、武，宗師仲尼，以重其言，於道最爲高。孔子曰："如有所譽，其有所試。"唐、虞之隆，殷、周之盛，仲尼之業，已試之效者也。然惑者既失精微，而辟者又隨時抑揚，違離道本，苟以譁衆取寵。後進循之，是以《五經》乖析，儒學寖衰，此辟儒之患。

謙案：儒家之術，其源流得失備於此數語，故《藝文》一志實諸子之提要也。昔孟子著書七篇，其見梁惠王也，則曰"何必曰利？亦有仁義而已矣"。賈誼《新書》首篇《過秦》云："仁義不施，而攻①守之勢異"。由此言之，孟子與賈誼其開宗明義，均以仁義爲主，則《志》所謂"留意仁義"者，正儒家宗旨所在也。且董仲舒，漢之大儒也，《春秋繁露·重政篇》云："聖人所欲説，在於説仁義。"（《提要》故言此書大恉在於"統仁義"。）荀悦《申鑒》

---

① "攻"，排印本誤作"玫"，據《新書》及《史記》改。

者,《隋志》列之儒家,自叙作書之意曰:"古之聖王其於仁義也,申重而已。"若然,周秦以降儒家著述,雖悉數之不能終,或有殘佚不存者,而即是以觀,爲儒家者,凡其立言垂教,未有不出於仁義者也。抑聞之趙岐①《孟子題辭》云:"通《五經》,尤長於《詩》、《書》。"劉子政作《別録》,於孫卿子有云:"善爲《詩》、《禮》、《易》、《春秋》。"可見儒家之中,以荀、孟論,或言性善,或言性惡,或法先王,或法後王,派别雖不同,要其游文《六經》,則無有異焉者矣。不寧惟是,《群輔録》云:"顏氏傳《詩》爲道,爲諷諫之儒。孟氏傳《書》爲道,爲疏通知遠之儒。漆雕氏傳《禮》爲道,爲恭儉莊敬之儒。仲梁氏傳《樂》爲道,以和陰陽,爲移風易俗之儒。樂正氏傳《春秋》爲道,爲屬辭比事之儒。公孫氏傳《易》爲道,爲潔净精微之儒。"則此六儒者各守一經,以相授受,固不若七十達者身通《六藝》,而儒家之學志,謂其"游文《六經》",豈不彰明較著與?

顧或者謂:儒家依經立説,原本仁義,是既然矣;乃追溯其始,出於古者司徒之官,果何説乎? 嘗考之《尚書》,舜命契曰:"百姓不親,五品不遜,汝作司徒,敬敷五教,在寬。"孟子亦曰:"使契爲司徒,教以人倫:父子有親,君臣有義,夫婦有别,長幼有序,朋友有信。"則儒者之業,雖自成一家,其所以明五常之道,特以司徒職守在是耳。且周之盛時,司徒一官典治邦教。厥後王室東遷,官失其緒。孔子者,契後也。懼堯、舜、禹、湯、文、武

---

① "岐",排印本誤作"歧",徑改。

之業及吾身而不傳，於是修明其教，而儒家遂奉爲師法焉。故儒家之"祖述堯、舜，憲章文、武，宗師仲尼，以重其言"，豈不以儒道始於唐、虞，而成於我孔子乎！

雖然，百家皆有蔽失，獨謂儒家無弊者，則未必然也。試以漢徵之。當漢之初，叔孫通定朝儀，雜用秦制，致使三代典禮無聞於後世，所謂"惑者既失精微"是也。及公孫宏深於《春秋》之學，以布衣居相位，而希主阿容，當時目之爲諛儒，非又"辟者隨時抑揚，苟以譁衆取寵"乎？逮至武帝以後，尊奉經教，儒統既一，天下彬彬多文學之士，似乎聖道至此而大昌矣；乃《春秋》分爲五，《詩》分爲四，《易》有數家之傳，讀讀者各習其師，互相爭辨，不知闡其大義，抉其微言，以潤飾吏治。若是，"《五經》乖析，儒學寖衰"，班氏於斯，蓋有慨乎其言之者也。《儒林傳》曰："利禄之途使然。"夫儒者傳經，漢稱極盛，而衰端即肇於茲，可不惜哉！然而治儒家言者，苟欲知其源流得失，班氏此數語殆足以盡之矣。吾故曰《藝文》一志實諸子之提要也。

又案：《諸子》一略叙儒於道家之上，正足見班氏之尊儒也。乃《志》於道家云"此君人南面之術"，於儒家云"助人君，順陰陽，明教化"，似班氏亦知道家爲君道，儒家爲臣道，所以輔君者矣。夫天尊地卑，君臣始定，儒家既爲臣道，則不當在道家之先，皦然甚明。今翩然反之，不幾以臣抑君乎？詎知儒家以仲尼爲祖，仲尼在庶，雖未得天子之位，而其刪修《六經》，固有王者起必來取法者也。太史公曰：中國王侯"言《六藝》者，折衷於夫子，可謂至聖"。若是，孔子者，萬世帝王之師表也，儒家一流遠承其統，則道家雖爲君道，其不能與儒家爭長也，亦可悟矣。

然則班氏著其説曰"助人君"，而復揭其指歸曰"宗師仲尼"以重其言，所以尊儒者，乃其所以尊聖也。且漢初方士依託道家，專求長生不死之術以蠱惑人主，是道家已失其本真矣。若儒家者，自武帝表章《六經》，罷黜百家，亦已別黑白而定一尊，則推崇儒術又以尊時王之制也。

雖然，讀古人書要在尚論其世矣。至班氏部次九流，獨以儒家居首，爲其師法聖人，於道最高。此義則誰復知之？後之儒者譏其言之多舛，或以儒與諸家並列，謂不過"文藝之末"，嗚呼，豈不悖哉！

又案：孔子删定《六經》，爲百王法，固古之道家君人南面之術也。後世尊崇儒術，因以孔子爲儒，豈知聖人之大，儒家不足以盡之。子思子述《中庸》曰："考諸三王而不謬，建諸天地而不悖，質諸鬼神而無疑，百世以俟聖人而不惑"，蓋極言聖人道高千古，德並①兩大，而豈囿於儒者一家之學哉？《志》云："唐、虞之隆，殷、周之盛，仲尼之業，已試之效"，其論儒效也，雖合仲尼言之，然必謂"宗師仲尼"者，可知儒家一流特以仲尼爲師，故居百家之首，而非以仲尼爲儒也。不然，《志》於《六藝》何以別爲一略，而於儒家何以僅稱其"游文《六經》"乎？儒家之於《六經》，既不過游文於此，則儒家但闡明經義者；而聖人之經，垂教萬世，爲人君師法，不可遂視爲儒家亦

---

① "並"，疑當作"業"。

明矣。

且《家語》者，孔子之家譜也，《志》坿《論語》之後，班氏之推重聖道誠得其宜。乃後之史臣不達此意，人之儒家之中，何其小我孔子乎？夫《孔子家語》可次儒家，則《孟子》之書自可升之於經矣。吾非敢抑黜《孟子》也，然孟子有言曰："乃所願則學孔子"，是孟子特在"願學"之列，而其所以觝排楊、墨，蓋將閑先聖之道，以爲孔子功臣耳。今尊《孟》爲經，殆未知孟子之所謂"願學"者，彼方以未得爲孔子徒而遂"私淑諸人"也。夫孔子①爲道家南面之術，與儒家有高卑之判，余故因班氏"宗師仲尼"之言爲縱論之若此。

又案：《志》云"祖述堯、舜，憲章文、武"，蓋以凡爲儒者，立言宗旨無不如是。然以吾觀之，孟、荀二子其派別即分於此，何也？孟子長於《書》，《書》首唐、虞，故一則曰"人皆可以爲堯、舜"，再則曰"堯、舜與人同耳"。即其論性也，歸之於善，亦以能"爲堯、舜"，故人性無不善。記者曰："孟子道性善，言必稱堯、舜。"由是言之，孟子非"祖述堯、舜"者與？若荀子之學，一本於禮，雖劉向書錄謂其"善爲《詩》、《禮》、《易》、《春秋》"，而其全書則皆以明禮爲主。禮者，至周而大備，周公所作。周公，成文、武之德者也，其言曰："禹、湯有傳政，不若周之察"，又曰"法後王"。所謂"後王"者，蓋謂周文、武也。昔聖人嘗曰："文、武之道，布在方策"，至其論禮樂也，則曰"吾

---

① "孔子"，疑當作"老子"。

學①周禮,今用之,吾從周"。荀子既深於禮,則其以"後王"爲法,可知即孔子"從周"之意,而爲"憲章文、武"之證也。且荀子性惡之説爲後儒所抵斥,不知禮者,事爲之制,曲爲之防,直爲性惡而設。故《禮論篇》既云"先王惡其亂也,故制禮義以分之",而於《性惡篇》則言:"若以人之性固正理平治,則又惡用聖王?惡用禮義?"豈非禮教之立所以治人之性,使之去惡而遷善乎?夫經禮者,周之舊典也。荀子原其定禮之意,故闢孟子之性善,而謂其善者僞耳。以孟子之性善而荀子闢之,亦由修文、武之教,與孟子之紹法堯、舜,其派別有不同也。雖然,《史記·儒林傳》曰:"孟某、荀②卿咸遵夫子之業而潤色之",則孟、荀立説雖"同門異户",有如《法言》所論,而其"宗師孔子"則一而已矣。

又案:儒家之學,班氏謂"游文《六經》,留意仁義",既已挈其要歸矣,然吾又有説焉。昔《荀子》之書以《勸學》爲首,以《堯問》爲終,宋王伯厚氏稱其上法《論語》,是固然矣;豈知儒家以教民爲務,不但荀子若此,楊子《法言》則始於《學行》矣,徐幹《中論》則始於《讃學》矣③,是儒家立言無不詳於爲學。夫其所以詳於爲學者,直以儒道原於司徒,司徒一職專掌邦教,故無不以論學爲先也。其他《尸子》則有《勵學》篇,《吕覽》亦有《勸學》篇,蓋此二子者列在雜家,特以兼宗儒、墨故耳。至兵、農、名、法,則不復言此矣。後之學者試取是説以求

---

① "學",排印本誤作"從",據《中庸》改。
② "荀",排印本誤作"苟",徑改。
③ 此句有誤。徐幹《中論》始於《治學》,王符《潛夫論》始於《讃學》。

之，而儒家之旨與諸家之分別部居，不相雜廁，所云可坐而定者也。顧此一義焉，班氏所未及，而儒家重學爲教化之原，讀其書者不可不知，爰爲補其遺云。

## 附録

《隋志》：儒者，所以助人君，明教化者也。聖人之教非家至而户説，故有儒者宣而明之。其大抵本於仁義及五常之道，黄帝、堯、舜、禹、湯、文、武咸由此，則《周官》太宰"以九兩繫邦國之人"，其"四曰儒"是也。其後凌夷衰亂，儒道廢闕，仲尼祖述前代，修正《六經》，三千之徒並受其義。至於戰國，孟某①、子思、荀卿之流宗而師之，各有著述，發明其指。所謂中庸之教，百王不易者也。俗儒爲之，不顧其本，苟欲譁衆，多設問難，便辭巧説，亂其大體，致令學者難曉，故曰"博而寡要"。

謙案：三代以上政教不分，學統於官，故《周官》一書，千古之學案也。《志》於法家則證之司寇、司刑，於名家則證之宗伯，於墨家則證之宗伯與肆師，於從橫家則證之掌交，於農家則證之司稼，於小説家則證之誦訓、訓方②，於兵家則證之大司馬，於天文家則證之馮相，於五行家則證之保章、馮相、卜師、筮人、占夢、眡祲，於醫家

---

① "孟某"，《隋書》原作"孟軻"。
② "訓方"，排印本誤作"職方"，據《隋書》及《周禮》改。

則證之醫師。可見百家道術,其始皆原於周官也。今云"太宰'以九兩繫邦國之民',其'四曰儒'",解者雖謂諸侯師氏之下,又置一保氏之官,不與天子保氏同名,故號曰"儒",然儒以道得民,固周官世守之遺矣。

顧《漢志》云"祖述堯、舜,憲章文、武",茲乃推溯黃帝,豈道家出於黃老,而黃帝亦儒家所祖與?曰:黃帝之道,廣大悉備。是故陰陽家有《黃帝泰素》焉,雜家有《孔甲盤盂》焉。孔甲者,黃帝之史。兵家有《黃帝十六篇》焉。封胡、風后、力牧、鬼容區,則皆爲黃帝臣矣。方伎家又有《黃帝內外經》焉。《傳》曰:"黃帝正名百物",而李官之設復創於黃帝。(《班志》以法家出理官,"理"與"李"同。)若然,名、法二家亦衍黃帝之緒。至造律呂以起消息,正衣裳以表貴賤,儒家重禮樂,禮樂者非黃帝所創制哉?且司馬遷作《史記》,於《五帝本紀》以黃帝爲首,獨惜"孔子所傳宰予問五帝德及帝繫姓,儒者或不傳",然則儒家一流未嘗不誦法黃帝矣。《志》之並數黃帝,不亦宜乎!

雖然,儒學之尊,自黃帝以來,至春秋之時,將遂廢闕。我孔子修正《六經》,於是仁義、五常之道乃復明於天下。然曰"三千之徒並受其義",又曰"孟某、子思、荀卿之流宗而師之,各有著述,發明其指",豈不以儒家之業,孔子傳諸弟子,而子思、孟、荀著書立説始自成一家言與?或者不知,以儒家"宗師仲尼",遂目孔子爲儒,亦未識聖人之大,非若是其淺陋也。彼俗儒之"博而寡要"，誠以崇奉聖人，必如思、孟諸家，乃能行之無弊①，否則失其本真，罔知大體。訓詁一家，性理一家，互相攻詰，無裨治道。既貽人以口實，而經教且將詆爲無用焉。嗚呼！後之儒者，其亦三復斯篇，而以明教化爲務焉可矣。

又案：《志》言"中庸之教，百王不易"，或者問曰：如其説，似儒家垂教，爲後世帝王所法。是即道家者流君人南面之術也。曰：此固就聖人《六經》言之。《六經》者，詔示百王者也。觀其前云"聖人之教非家至而户説，固有儒者宣而明之"，豈非謂三千弟子與？夫孟、荀之徒，各著書以闡發經指，而孔子之教載之《六經》者，乃爲不偏不易，傳之百世而無惑與？若是，聖道、儒術，《志》蓋區以別之矣。

歐陽修《崇文·儒家》原叙：仲尼之業，垂之《六經》，其道閎博。君人治物，百王之用，微是無以爲法。故自孟某②、揚雄、荀況之徒，又駕其説，扶而大之。歷世諸子轉相祖述，自名一家，異端其説，或破碎於大道，然計其作者之意，要之孔氏不有殊焉。

謙案：宋《崇文總目》，其書皆有序録，爲鄭樵所删，識者譏之。若今本則出近儒纂輯，固不足睹其全矣。此《叙》見於文忠本集，其論儒家失得，真能辯章學術，與後

---

① "弊"，排印本誤作"獘"，徑改。
② "孟某"，《歐陽文忠集》原作"孟軻"。

之著録家僅記篇目者，不可同年而語。且於《六經》之道，知爲百王所法，治世之用，是儒者宗師孔子，當依據經誼以措之治理，非可支離破碎，轉受迂闊無用之誚焉。

然歐陽子之尊仲尼至矣，而謂孟、荀之徒"又駕其說"以推大之，則可徵儒家不足以盡孔子，孟子以下特本《六經》之說以扶衰興滯，史公所云"儒術既①絀，孟某、荀卿咸遵夫子之業而潤色之"是也。不此之察，而以孔、孟並稱，雖孟子之距楊、墨，其功不在禹下，然聖人之經所以垂法後王者，僅爲一家之業，不免卑視我孔子矣。然則歐陽氏以孟、揚諸子別之爲儒，洵知言之君子也。

顧既云"歷世轉述，異端其言"，（此"異端"二字蓋謂同一儒家立言各異耳。）又以作者之意無殊孔氏，此又何說？蓋如孟子之性善，荀子之性惡，立說不同，均得聖人之一偏，所謂"不有殊焉"者也。夫俱爲儒家，宗旨不必盡合。吾嘗謂丙部之中，不但百家異術，即一家之内亦有派別，觀於此而益信。

又案：《史記》一書，辨章學術，故於老、莊諸賢並爲列傳。至孟、荀二子合之一傳，誠以孟、荀均儒家也。韓愈氏曰："孟某、荀卿，以道鳴者"，是隋唐以前皆以孟、荀並稱。乃後世尊《孟子》爲經，而菲擯荀卿，且黜諸從祀之列。嗚呼！何荀子之不幸也！夫荀子長於禮，其言性惡也，則原制禮之始。非十二子而兼及孟子，亦取禮以折衷之。《論衡》曰："道雖同，同中有異。"不知二子之異同，而於荀子必交口譏之，不亦謬乎？今觀歐陽氏以孟、

---

① "既"，排印本誤作"獨"，據《史記》及《漢書》改。

荀相提並論，然則北宋之世猶知聖道昌明，荀子起衰之力不亞於孟子也。

或曰：漢之儒者，首推仲舒，蓋以表章《六經》，罷斥百家，實自仲舒發之。今不數董子，反於揚雄則深美之，其說可得聞與？曰：雄者，儒家也。雖自比孟子，（《法言》曰："古者楊、墨塞路，孟子辭而闢之。後之塞路者有矣，竊自比於孟子。"）爲識者所未信，然《法言·序》曰："雄見諸子各以其知舛馳，大氐詆訾聖人"，則固志在衛道者也。所云"又駕其說，扶而大之"者，復何疑哉！且昌黎爲古文大家，歐陽師事之，《讀荀子》一篇以荀子次某、雄之問，俱目之爲聖人之徒，則於兩漢儒家獨取揚子，豈非說本退之乎？

焦竑《國史經籍志》（儒家）：子語子夏曰："女爲君子儒，無爲小人儒。"天子諸侯曰君，卿大夫曰子。孔子非欲以此名也，冀以並包兼容，而勿區區自營之謂也。子夏學不見大，而硜硜於言行之信果，此與細民何異？荀卿氏有言：儒耨耕不如農夫，斲削不如工匠，販貨不如商賈，談詞薦撙不如惠施、鄧析；"若夫商德而定次，量能而授官，使賢不肖皆得其位，能不能皆以官，萬物得其宜，事變得其應"，四海一家，歸命輻湊，蓋九流皆其用也，豈與小道曲學、僅僅自名者同乎哉？史遷敘諸家，儒者才居其一，彼未得其真，而即所睹記者當之，故以"寡要"、"少功"爲詬病。嗟乎！此不敢以望子夏，何論君子？古今作者，言人人殊，稍微綴叙，而或不純爲儒也。亦備列之，殆益明儒之爲大已。

　　謙案：《國史》一志，深於向、歆之學，蓋自唐、宋以後，一人而已。雖編次諸書並登亡佚，或譏其失當，然不可以一眚而掩大德也。

　　顧今據《荀子》之言，以明儒術之大，則有未盡然者焉。聖人之道並包兼容，固非"僅僅自名"者比，若儒家者要不足以語此。何則？儒特一家之業耳，而謂"九流皆其所用"，此未許爲知言也。夫吾道一貫，惟聖人能之。儒家之於九流，即以荀卿論《非十二子》一篇，於墨翟、宋鈃、魏牟、慎到，無不辭而闢之，凡其所以巧詆而深排，殆欲尊儒家之道，以爲如此則百家之説始熄也。且道家如莊子，法家如韓子，各崇所長，以明其恉，莫不起而攻儒矣。是可見儒家不能用九流，而九流亦不任儒家之用也。乃但知崇儒，而以彼九家者必且隨其器使焉，通於家學者言之，不當若是其易矣。

　　或者曰：然則荀子非與？曰："商德定次，量能授官"，以至四海一家，歸命輻湊，荀子之爲是言，亦以爲儒家者功效至鉅，初非謂九流道術盡爲包舉而囊括也。不然，何彼於諸家必斥其"欺惑愚衆"乎？

　　雖然，吾非貶儒也，蓋諸子十家，異同分合之間，有不容雜視者矣。然而焦氏之意，以九流爲儒所用，後之儒者不知兼收並蓄，一切固距之，其識不尤猵①狹哉！

　　又案：儒家之中有君子、小人，如孔子言，蓋自春秋

---

① "猵"，排印本誤作"偏"，疑本作"猵"或"偏"。

時已然矣。昔荀子有言曰："正其衣冠,齊其顏色,嗛然而終日不言,是子夏氏之賤儒也。"夫子夏在聖門,列諸四科,何至受賤儒之誚？不知荀子稱爲"賤儒"者,既別之曰"氏",是特責其後學耳。即夫子之語以"無爲",亦出戒勉之辭,而子夏豈真儒家之小人哉？焦氏云："子夏學不見大,硜硜於言行之信果,此與細民①何異？"是說焉,幾將以子夏爲小人儒矣,不亦僨乎！且儒家原於司徒,《記》曰："孔子爲素王,顏淵爲司徒。"可見孔子蓋以儒家之業傳之弟子,今謂子夏曰"女爲君子儒",則尤明徵大驗也。焦氏不達斯義,反以細民當之,何其好爲妄言若是乎？

雖然,焦氏之譏子夏則失之,而其解"君子"也屬之天子、諸侯、卿大夫,固有所本矣。《荀子·儒效篇》曰："大儒者,天子、三公也。"夫以天子之貴,三公之尊,目爲"大儒",然則儒家者流,非文上之誦法《詩》《書》、空談經濟者可以語乎此。或曰：晏子爲齊相,則誠卿大夫矣,以《漢志》考之,如《魏文侯》六篇與《高祖》、《孝文》二傳俱入之儒家,是又天子、諸侯矣,然而有疑焉。班氏謂儒家"助人君",高祖著書,以天子、諸侯而編之儒家之內,非自相矛盾與？曰：《諸子》一略,以書爲定。《文侯》、《孝文》久已失傳,無論已；《高祖》一傳以述天子服言之(見魏相傳),所云是奉宗廟、安天下之大禮,則《高祖》十三篇者,取其指歸,所在合於儒家之崇禮耳。故儒家之術所以輔助人君,語其大也,天子以下皆可名爲儒者。若

---

① "民",排印本誤作"氏",據上文改。

以魏文數主雜側儒林,班氏詎至自亂其例哉?蓋孟堅作《志》,論其書,未嘗論其人也。然焦氏之言,徵諸《荀子》,其推重儒家,亦不可謂無據矣。

要之,爲儒學者,派別不同,志趣各異,有君子必有小人,此人品之所由判也。乃焦氏本孔子之語而以詆毀子夏,則大謬不然者矣。

又案:司馬談《論六家要指》,其歸本道家,與尚論時世,余已詳言之矣。其於儒家也,雖謂之"博而寡要,勞而少功",然究其弊①者未嘗不稱其所長也。蓋談之闡明要指,欲使後世學者知六家之互有得失耳。焦氏之誤談爲遷,此固不足辨。彼於《筆乘》中亦嘗以其折衷群言,而深焉許之。今云"未得其真",抑何一人之説前後歧異若此乎?雖然,儒家之學,史談與名、墨諸家相提並論,僅僅居六家之一,是果崇道而抑儒與?非也。其論儒曰:"序君臣父子之禮,列夫婦長幼之別,不可易。"夫儒家明教化,契爲司徒,教以人倫,則談於儒家真能知其宗旨所歸也。且子長《史記》繼父而作,觀其於孔子焉列諸《世家》,並爲之贊曰"可謂至聖",是不徒以孔子爲儒。敘次諸家而儒者才居其一,誠以儒家一流亦與彼五家者同爲專家之業耳。聞之史書通例,傳諸侯則曰《世家》,孔子而入於其中,直以侯王視之,豈與儒家之道爲人君助理者所可等量而齊觀哉!曰"未得其真",不知若史談者乃可謂"識曲而聽真"也!焦氏第以尊儒之故,而未知辨析於此,反以重誣古人。語曰:"多見其不知量",非焦

---

① "弊",排印本誤作"獎",徑改。

氏之謂耶？

《漢志》：道家者流，蓋出於史官。歷數成敗存亡禍福古今之道，然後知秉要執本。清虛以自守，卑弱以自持，此君人南面之術也。合於堯之克攘，（師古注："攘，古讓字。"）《易》之嗛嗛，（注："嗛與謙同。"）一謙而四益，此其所長也。及放者爲之，則欲絶去禮學，兼棄仁義，曰：獨任清虛可以爲治。

謙案：道家一流，後世混入神仙，而君人南面之術遂無有知之者矣。夫神仙家者，乃方伎之一，與古之道家判然不同。《班志》分析甚明，而昧者猶雜視之，可謂不善讀書矣。不善讀書而於道家肆力詆之，此家學之所以不彰也。

雖然，道家之學爲君人南面之術奈何？曰：道家本治世之術，其所言則皆君道也。試徵之老子：所謂"甚愛必大費，多藏必厚亡"，"國之利器，不可以示人"，"禍莫大於輕敵"，凡若此者，豈非人君御世所當鑒誡哉？

即其"無爲"之説，後人不知，或失之因循坐廢，詎知惟爲南面之術，故以無爲爲貴。嘗譬之君者，心也；百官者，耳目手足也。百官俱有職守，人君則南面出治，以庶事任之百官，而不必躬親也。此猶人之一身，耳目手足各盡其勞，心焉者，非處之甚逸、無所動作，而以思慮爲之主乎？老子曰："聖人云：我無爲而民自化，我好静而民自正，我無事而民自富，我無欲而民自樸。"若是，道家言"無爲",專就君道言之,蓋可見矣。昔舜之治天下也,憂心焦思,勤於民事,而孔子贊之曰:"無爲而治者,其舜也與!夫何爲哉?恭己正南面而已矣。"則道家所以尚無爲者,觀於大舜,不尤顯然易知乎?

且"清虛自守"者,老子所云"見素抱朴,少私寡欲"也。"卑弱自持"者,亦即老子所云"人之所惡,惟孤、寡、不穀,而王公以爲稱"是也。蓋爲人君者不明乎此,必將以驕泰亡其國矣。故道家之清①虛、卑弱,寔君臨天下者之要道也。抑嘗聞之《論語》矣:子曰:"雍也可使南面。"仲弓曰:"居敬而行簡,以臨其民,不亦可乎?"夫簡也者,"秉要執本"之謂也。老子亦曰:"聖人抱一,以爲天下式。"由是言之,人君撫綏萬邦,亦惟執簡以馭繁,得一以爲貞。使處民物之上,紛然雜陳,不知握要以圖,恐有日不暇給者矣。然則史談之論道家,謂爲"指約而易操,事少而功多",真有國家者治理之首務也。

然而是數者爲人君南面之術,斯既然矣;苟不觀往者得失之林,則又未足以知此。何也?老子曰:"民之從事,常於幾成而敗之。""禍爲福所倚,福爲禍所伏。"又曰:"執古之道,以御今之有。能知古始,是謂道紀。"則未達乎成敗存亡禍福古今之道,所以秉之執之守之持之者,不能得其要妙,探其本原,甚且清靜則流於曠弛,柔弱則近於庸懦,後之帝王崇奉黄老者弊必至此,而道德一家君人南面之術亦從是而無聞於世矣。抑知爲道家者,惟於成敗存亡禍福古今之道,博覽而周知之,故足爲

---

① "清",排印本誤作"請",逕改。

治世之術耳。吾願習其書者亦以君道求之，慎毋與神仙並論也。

又案：史學源流，唐劉知幾言之最詳。余嘗讀其《史官篇》曰："史之建官，其來尚矣。昔軒轅氏受命，倉頡、沮誦實居其職。至於三代，其數漸繁，《周官》、《禮記》有太史、小史、内史、外史、左史、右史之名。太史掌國之六典，小史掌邦國之志，内史掌書王命，外史掌書使乎四方，左史記言，右史記事。《曲禮》曰：'史載筆。''大事書之於策，小事簡牘而已。'《大戴禮》曰：'太子既冠，成人，免於保傅，則有司過之史。'《韓詩外傳》云：'據法守職，而不敢爲非者，太史令也。'斯則史官之作肇自黄帝，備於周室。"階是以觀，史官之立以周爲備，而其始則黄帝創之矣。

《史記·老子列傳》曰："老子者，姓李氏，名耳，字伯陽，謚曰聃。周守藏室之史。"《志》云"道家者流，出於史官"，然則道家首推黄老，殆亦以史官所由出乎？當漢之世，武帝置太史公，位在丞相上，以司馬談爲之，凡天下計書先上太史，副上丞相，叙事如《春秋》。及談卒，子遷嗣之，究天人①之際，通古今之變，遂成一家之言。乃自子長既殁，後之續《史記》者若褚先生、劉向、馮商、揚雄之流，並以别職來知史務。（說亦本《史通》。）至魏晉以降，不特文人儒士得與纂史之役，又設爲監修以領其事，於是天下無信史。而折衷道家者，龍門而外，未聞有知此者也。其所兢兢者，不過於紀傳、編年，定其體裁而

---

① "天人"，排印本誤作"天地"，據《漢書》及《文選》逕改。

已。子元所謂"後來作者不出二途",此其明證也。且其記事也,雖於成敗存亡禍福古今亦能考其大略,然得其道者則曠代而罕遘。夫"道"焉者,所以然之謂也。後世史書論其當然,不能識其所以然,致使一代興衰之故茫焉莫辨。史才之難,有識者能無爲之長歎乎!

昔孔子作《春秋》也,嘗曰:"其義則某竊取之",當時游、夏之徒不能贊一辭。是知《春秋》一經,據行事,仍人道,因興以立功,就敗以成罰,假日月以定歷數,藉朝聘以正禮樂,非僅"其事則齊桓、晉文,其文則史",蓋有大義在也。《遷史》之不虛美,不隱惡,揚子雲稱爲"實錄",固已得之。乃於《五帝本紀》贊曰:"好學深思,心知其意",則讀其書者又①必窺其意之所注。夫"義"也、"意"也,即道家一流歷數成敗存亡禍福古今之道也。不此之察,爲史官者雜之星歷卜祝之間,遂爲流俗所輕矣。世之譏道家者,曷亦詳其所從出,本爲修史之準則乎?

又案:道家出於史官,余已就其説而證成之矣。然彼百家者,則亦原本史官。何以知其然哉?儒家有《周史六弢》,而《周政》、《周法》、《周制》,非周之史書乎?陰陽家有《宋司星子韋》,子韋者,景公之史也。墨家爲清廟之守,是祝史之遺也。《尹佚》二篇爲墨學所祖,佚者,周之祝史,尤其明驗矣。雜家之《孔甲盤盂》,甲者,黃帝之史。農家之董安國、氾勝之,漢之内史、御史也。小説家之《周考》,所以考周事也,蓋周代記事之史矣。《青史子》,古史官所記也。《虞初周説》,應劭曰:"其説以《周

---

① "又",排印本誤作"乂",逕改。

書》爲本",非又周之野史乎？兵家《蓂弘》十五篇,弘,周史也。若數術一家,班氏云:"皆明堂、羲和、史卜之職",此可知史官之流裔也。即以《漢志》考之,道家爲史官所自出,其餘諸子有不若此者哉？太史公曰:"百家皆言黃帝",夫百家學術無不崇尚黃帝者,誠以史官一職實自黃帝所設也。

雖然,陰陽諸家,史之別子;而道家者,史之大宗也。班氏獨於此論列之者,豈以漢代方士依附道家,明其出於史官,庶君人南面者,不至惑於神仙,而以爲經世之術乎？嗚呼！後之觝排百氏者,既不知道家之學托始史官,而於兵、農諸子,猶有逐末而窮其源者與？余故取班氏之叙次道家,並爲引申其義云。

又案:孟堅此《志》本之向、歆父子,觀其首序可知矣。蓋子政之校理諸子也,皆以聖經爲之論定,故既曰"合其要歸,亦《六經》之支與流裔",今於道家則曰"合於堯之克攘,《易》之嗛嗛",是足徵名、墨數家盡合經教,而道家實與《易象》相符也。昔王弼爲《老子》作注,復注《大易》,説者以其空言名理,深焉訾之;詎知《易》與《老子》其義有互相表裏者乎？聞之宋于庭先生曰:"老子爲周守藏史,藏者,《歸藏》也。《歸藏》,殷《易》。其卦首《坤》。孔子贊《易》,多取《歸藏》。"(説詳《論語説義》。)則聖人《十翼》,所以知"《易》之興也,由於憂患而作",蓋得之老子矣。凡老子所云:"持而盈之,不如其已。揣而銳之,不可長保。金玉滿堂,莫之能守。富貴而驕,自遺其咎。"皆有思患豫防之意。故《歸藏》一《易》雖已不傳,而老子《道德經》即其遺説也。孔子釋《坤》曰:"積善之家,必有餘慶;積不善之家,必有餘殃。臣弑其君,子弑其父,非一朝一夕之故,其所由來者漸矣,由辨之不早辨也。《易》曰:'履霜,堅冰至',蓋言順焉。"則《歸藏》之先《坤》,由《文言》觀之,所以使爲君父者杜亂未萌,亦可悟矣。老子曰:"其安易持,其未兆易謀,其脆易泮,其微易散。爲之於未有,治之於未亂。"是説也,豈非居安慮危之恉哉?故善讀《老子》者,謂《歸藏》至今存焉可也。後之儒者乃屏之《易》道之外,不其謬乎!

問者曰:道家之通於《易》,既聞命矣;《志》獨取證於《謙》者,將何説與?曰:嘗讀《説苑》矣:周公之戒魯公也,有云:"貴爲天子,富有四海,不謙者,先天下亡其身,桀、紂是也,可不慎乎!故《易》曰:'有一道,大足以守天下,中足以守國家,小足以守其身,謙之謂也。"若是,《易》義雖廣,惟以謙德爲主。且《繫辭》亦云:"謙也者,致恭以存其位。"則孔子傳《易》,垂法後王,亦以謙"尊而光",爲人君保位之本矣。夫道家者,君人南面之術也。道家之"清虛自守,卑弱自持,合於《易》之嗛嗛",蓋以君道所重在此耳。彼無識者,猶且排斥道家以爲離經而畔道,夫亦不可以已乎?

又案:《吕覽》云:"老聃貴柔,關尹貴清,子列子貴虛",余已伸明其旨,謂爲諸家之提要矣。夫一家之中各有派別,故同爲道家,或以柔弱爲貴,或以清虛爲貴,有分別部居不相雜廁者也。《志》云"清虛自守,卑弱自持",雖未剖析言之,然治道家學者苟欲知其指歸所在,亦可取是説以求之。至班氏論其弊①曰："獨任清虛可以爲治"，固爲道家之失，而豈知"清"、"虛"者，實關、列立言之恉也。若然，《藝文》一志非諸子之提要也哉！

又案：《志》云："放者爲之，則欲絶去禮學，兼棄仁義，曰：獨任清虛可以爲治"，是班氏爲道家抉其蔽短矣。夫讀古人書，有可反觀而得者，何則？去禮學、去仁義，固出放者之所爲，而古之道家爲君人南面之術，則未有遺此者也。管子曰："禮義廉恥，國之四維"，對桓公曰："誅暴禁非，存亡繼絶，而赦無罪，則仁廣而義大"。蓋徵之《管子》而已然矣。至於老子，又孔子所從而問禮者也。若其論兵也，則曰"上將軍居右"，言以喪禮處之。苟非精於禮學者，其能知軍禮若此乎？即所云"大道廢，有仁義；絶仁棄義，民復孝慈"，似與儒家之"留意仁義"異矣，不知《老子》全書專崇道德，其謂"大道廢，有仁義"者，以世之本仁祖義，由於大道既廢也。其謂"絶仁棄義，民復孝慈"者，則以仁義之説行，而民遂假託仁義，漓其天性，不復存孝慈之心也。夫百家立言，各有所主。老子以道德爲歸，欲推明其宗旨，故於仁義則非所重耳。（余故謂治子書者，必先究其宗旨所在，乃知言有詳略，不可執彼議此。至《老子》一書合於《大易·謙卦》之義，前段不及備引，願學者自求之，爲補注於此。）

且道、德、仁、義、禮五者，有先後之分。老子曰："失道而後德，失德而後仁，失仁而後義，失義而後禮"，足見道德既衰，始重仁義；仁義不明，而禮學方興。此其每下

---

① "弊"，排印本誤作"獘"，徑改。

愈況,非如後之人混合言之,無所區別也。或曰:於經有證乎?曰:《論語》:子曰:"志於道,據於德,依於仁。"《禮記》曰:"道德仁義,非禮不成。"則仁義與禮,可知其降於道德矣。自不善學者徒以老子之尊道德,及其弊也遂至去禮學,棄仁義,乃揚子雲從而非之,曰:"老子之言道德,吾有取焉耳。搥提仁義,絶滅禮學,吾無取焉耳。"而豈知老子實未嘗去、未嘗棄也。故班氏之言,特以責放者之過。未達其説,並老子而誹毁之,亦不思之甚矣!

不第此也。清虛爲治,又有反觀而可得者。夫神仙一家不能與道家比,其爲學也,談空説元,欲以措之治理,誠有所不可。然沿其流而溯其源,則道家者要爲治世之術也。問者曰:神仙言養生,道家不亦言養生乎?曰:其説則同,而其用意則有辨也。道家長於治道,以爲人君撫有天下,當盡其壽命,不可惑於聲色貨利,以戕其生。故老子曰:"貴以身爲天下,若可寄天下;愛以身爲天下,若可託天下。"蓋人主之身爲百姓所寄託,使非善養其生而貴之愛之,桀、紂之荒淫驕侈,亡其身而並亡其國,即基於此。若然,道家養生之術與神仙家專工修煉以求不死之藥者,又可比量而等觀乎?司馬談曰:"神者生之本,形者生之具,不先定其神形[①],治天下何由?"通乎斯義,道家爲治世之術,而其言養生也亦就君道言之矣。

雖然,道家末流之弊[②]誠有不庸爲之曲諱者。執此

---

① "形"字,據《漢書》補。
② "弊",排印本誤作"獘",徑改。

以議《莊》《列》諸家，則非孟子"知言"之學也。夫天下事以對鏡而明，所貴辯章學術者，亦以反觀得之而已矣。(《易》曰："書不盡言，言不盡意。"余於此《志》所云"君人南面之術"，雖據《老子》作證，然舉一偶當以三偶反，讀《莊》《列》諸書亦願以是觀之。)

## 附錄

《隋志》：道者蓋爲萬物之奧，聖人之至賾也。《易》曰："一陰一陽之謂道。"又曰："仁者見之謂之仁，智者見之謂之智，百姓日用而不知。"陰陽者，天地之謂也。天地變化，萬物蠢生，則有經營之迹。至於道者，精微淳粹，而莫知其體。處陰與陰爲一，在陽與陽不二。仁者資道以成仁，道非仁之謂也；智者資道以爲智，道非智之謂也；百姓資道而日用，而不知其用也。聖人體道成性，清虛自守，爲而不恃，長而不宰，故能不勞聰明而人自化，不假修營而功自成。其玄德深遠，言象不測。先王懼人之惑，置於方外，《六經》之義，是所罕言。《周官》九兩，其三曰師，蓋近之矣。然自黃帝以下，聖哲之士所言道者，傳之其人，世無師説。漢時，曹參始薦蓋公，能言黃老，文帝宗之。自是相傳，道學衆矣。下士爲之，不推其本，苟以異俗爲高，狂狷爲尚，迂誕譎怪，而失其真。

謙案：《老子》曰："有物混成，先天地生，寂兮寥兮，獨立不改，周行而不殆，可以爲天下母。吾不知其名，字之曰'道'，强爲之名曰'大'。"是"道"之爲物，無可名而名之者也。《志》引《易》曰："一陰一陽之謂道"，"仁者見之謂之仁，智者見之謂之智，百姓日用而不知"，而爲之解曰："陰陽者，天地之謂。""道者，精微淳粹，而莫知其體。""仁者資道以成仁，道非仁之謂；智者資道以爲智，道非智之謂；百姓資道日用，而不知其用。"蓋道無定體，仁者、智者不過就所見而名之耳。故道者，"萬物之奧，聖人之至賾"。

見仁見智，非可即以爲道也。雖然，道家者，治世之術。古之人君"清虛自守，爲而不恃，長而不宰"，往往恭己南面，"不勞聰明而人自化，不假修營而功自成"，以之臻無爲之治矣。乃復懼其言象莫測，"置之方外，《六經》之中，是所罕言"者，則又何哉？曰：天下有形者可擬，有迹者可求。道德高遠而玄深，使不善用之，將禮樂兵刑盡爲屏棄。而其失也，必至高語皇古，因陋就簡，思以圖治，適如有晉之世用清談以誤其國。故曰："苟非其人，道不虛行"，則先王懼人之惑，以方外處之，不亦宜乎？

至我孔子之刪修《六經》，垂一王之法，其教弟子也則惟斤斤於文行忠信，《詩》《書》執禮，而性與天道，雖以子貢之知，猶謂不可得聞。然則聖人之經固爲人君立制，而於道家之業略而不言者，蓋欲人循守儒術，留意仁義，以輔佐人主，庶萬世行之而無弊也。然而道家一流，詳論君道，則不可以此而因噎廢食矣。夫道家爲治世之術，昔漢之曹參薦蓋公，能言黃老，於是文帝從之。當時政簡刑清，媲美成康，爲後世所莫及。則《志》既原其學術，推之《周官》，而又追慕漢文者，誠以道家之秉要執本，實南面聽治者之資也。

且夫儒家重師說，道家亦何獨無之？吾嘗讀《史記》矣，《樂毅傳》贊曰："河上丈人教安期生，安期生教毛翕公，毛翕公教樂瑕公，樂瑕公教樂臣公，樂臣公教蓋公，蓋公教於齊高密、膠西，爲曹相國師。"由是觀之，在參以前，師師相承，《志》謂黃帝以下僅以"傳之其人"，殆未見及此也。顧道之深遠不測，彼未得其真者每流於迂誕譎怪，而不知施之治道。此《志》所爲致慨於下士也夫！

《崇文·道家》原叙：道家者流，本清虛，去健羨，泊然自守，故曰"我無爲而民自化，我好靜而民自正"。雖聖人南面之術，不可易也。至或不究其本，棄夫仁義，而歸之自然，以因循爲用，則儒者病之。

謙案：《崇文》此叙，無所發明，惟其言聖人南面之術不可易，立說雖本《班志》，道家之明於君道，歐陽子蓋猶深知之。然史談有曰："其術以虛無爲本，因循爲用。無成勢，無常形，故能究萬物之情。不爲物先，不爲物後，故能爲萬物主。"又曰："虛者，道之常也；因者，君之綱也。"可知道家一流所以爲君人南面之術，其綱要在因循矣。今云"以因循爲用，則儒者病之"，不知因循之說正從君道言之耳，則又所謂知其一未知其二也。然論次道家，以其無爲好靜爲聖人南面之術，則其識又豈易幾哉！

《國史經籍志》：九流惟道家爲多端。昔《黃》《老》

《莊》《列》之言，清静無爲而已，煉養、服食所不道也。赤松子、魏伯陽則言煉養，而不言清静。盧生、李少君則言服食，而不言①煉養。張道陵、寇謙之則言符籙，而不言煉養、服食。迨杜光庭以下至近世黄冠，獨言經典科教，蓋不惟清静之旨趣懜焉無聞，而煉養、服食之書亦未嘗過而問焉矣。而悉宗老氏，以託於道家者流，不亦謬乎！夫道以深爲根，以約爲紀，以虚極静篤爲至，故曰："虚者道之常，因者君之綱"，此古聖人秉要執本而南面無爲之術也，豈有幾於長生哉？然以彼翛然元覽，獨立垢氛之外，則乘雲御雨，揮斥八極，超無有而獨存，特餘事耳。昧者至棄本逐末，誕欺迂怪，因而乘之假託之書，彌以益衆。嗟乎！世惟卓識殫洽者，能辨學之正僞；彼方士非研精教典，獨會於心，烏能知其純駁、擇善而從也？世行《道藏》視隋、唐、宋著録尤汎濫不經，今稍删次之如左。

  謙案：道家之學，至後世黄冠，專言經典科教，而去之滋遠矣。然自赤松以下，或尚煉養，或尚符籙，莫不託之老氏。而《道德》一經所以爲治世之術，遂致沉冤千載，埋晦不明。此似是而非者，聖賢所由深惡而痛絶之乎！夫《周官》一書，周公致太平之迹也。漢之王莽，宋之王安石，假此以更張舊制，便其私圖，而後儒因屏黜之。近世有好言變法者，又復取《公羊春秋傳》以伸其改

---

① "不言"二字，排印本脱漏，據《國史經籍志》補。

制之説,於是《公羊》家學亦爲世所詬病。豈知此二經者,特出不善學者之過,非聖人之經足以禍國而蠹民也。焦氏云"悉宗老氏,以託於道家者流",不其謬乎?嗚呼!古人何不幸而遭此黎邱之鬼哉!

雖然,孔子之大,即有依託之者,究無傷於日月。若老子者,自爲末流所托,而君人南面之術迄今未有知之者焉。夫老子長於治道,其所謂"致虛靜,守極篤",固南面無爲之術也。司馬談謂"以虛無爲本,因循爲用","虛者,道之常;因者,君之綱",是但就人君而言。彼不知者,既未識虛無、因循爲君臨南面者所貴,反以史談之學主於黄老,並從而誹訾之,非蔽所見聞與?而其失也,則由於經典科教皆坿會老子之説耳。

或曰:"長生久視",老子不嘗言此乎?曰:老子之言長生也,蓋欲爲人君者清心寡慾,無爲外物所誘,以喪其身,非與神仙一家别求金石不死之藥者,所可同日而語。况莊子之殁,其書載之,《史記·老子列傳》並叙其世裔,則道家豈以長生爲務哉?抑吾觀莊、列二家,生死去就,無不淡然若忘,可知彼方以身處亂世,不以幸生爲樂。然則却楚王之聘,拒鄭相之粟,曾謂貪生者而能若此乎?故讀其書者,正可得達生之義,而惑①者轉以長生之説,謂原於古之道家,則斷乎其不可矣。焦氏曰:"乘雲御雨,揮斥八極,超無有而獨存,特餘事耳",其見洵卓矣!然猶未知神僊修煉,乃抱樸子②之所爲,而老子諸書則

---

① "惑",排印本誤作"感",徑改。
② "抱樸子",通作"抱朴子"。

未之及也。

且考《隋志》，釋道兩家別列集部之後，今云"世行《道藏》視隋、唐、宋著録尤汎①濫不經"，夫既知其汎濫不經矣，則不當以後之《道藏》與道家類聚，雖稍加删次，要可云失之毫釐者也。然而有宋以來，擯諸子爲異端，而於道家則尤攻之不遺餘力，如焦氏者，能知聖人秉要執本，南面無爲之術，吾安得斯人而與之同游哉！

《漢志》：法家者流，蓋出於理官。信賞必罰，以輔禮制。《易》曰："先王以明罰飭法"，此其所長也。及刻者爲之，則無教化，去仁愛，專任刑法，而欲以致治，至於殘害至親，傷恩薄厚。

謙案：《史記》有云："禮禁未然之先，法施已然之後。"是禮之與法，義相表裏者也。昔荀子原禮之緣起曰："先王惡其亂也，故制禮義以分之。"老子亦曰："失道而後德，失德而後仁，失仁而後義，失義而後禮。禮者，忠信之薄而亂之首。"蓋上古之世，渾渾噩噩，人相尚以道德。及至道微德衰，於是仁者治人，義者治我，而聖王經世之術幾將即於窮矣。窮則思變，爰爲約之以禮，使人與我皆循循於軌物之中而不敢踰越。故禮也者，實理亂之道也。且班氏於禮家曰："《易》曰：有夫婦、父子、君臣、上下，'禮義有所錯'。而帝王質文，世有損益。至周，曲爲之防，事爲之制，故曰：'禮經三百，威儀三千。'"

---

① "汎"，排印本誤作"汛"，逕改。下同。

夫所以爲之防、爲之制者，則禮一法而已矣。《傳》云："出乎禮者，入乎刑。"則刑法者，補禮教之不足；而禮教之作，蓋欲人無蹈於刑，正名定分，束身而寡過也。若是，法家一流，《志》謂"以輔禮制"，豈不信哉！豈不信哉！

今夫賞罰者，國之大柄也。人主之御天下，爲之臣民者胥服其德而畏其威，則以刑罰之權操之在上耳。然而有失焉。後之人君，往往賞不當其功，罰不當其罪，任情喜怒，以一己之愛憎而倒置行之，由是受賞者生於僥倖，受罰者懷其憤恨，卒至衆叛親離，而國非其國矣。不特此也。韓非子曰："田常上請爵祿而行之羣臣，下大斗斛而施於百姓，此簡公失德而田常用之也，故簡公見弑。子罕謂宋君曰：'夫慶賞賜予者，民之所喜也，君自行之。殺戮刑罰者，民之所惡也，臣請行之。'於是宋君失刑而子罕用之，故宋君見劫。"據此觀之，賞罰二者，人君當並操之而不可有偏廢，執其一端而以利器假人，非有國者之大患哉？

法家之學，專務信賞必罰，昭示後王，誠以賞罰者，治世之要道也。夫天時不能有暑而無寒，人性不能有善而無惡，爲君上者，使在德不在刑，好生而惡殺，不能寬猛相濟，正有子產所云"水懦弱，民狎而玩之則多死"也。如是而謂法律不必定者，未之前聞。抑唐虞三代之時，其治極盛矣。舜之命皋陶也，則曰"蠻夷猾夏，寇賊奸軌，女作士，明於五刑，以弼五教"，而司寇一職，《周官》設之。若法家而可去，則舜之南面無爲，何以使皋陶爲士？周公輔相成王，衆建百官，何以必立司寇乎？

《志》云"出於理官",雖未詳論其時代,而黃帝有《李法》,"理"、"李"者,古之通用字,則法家之本於官學,其自黃帝始也明矣。雖然,諸子道術爲官守之遺,學者已不知之;彼法家者,尤以佐禮制之不及,而反爲之深閉而固距焉,詎非惑歟?孔子之言曰:"禮樂不興則刑法不中,刑法不中則民無所措其手足",此可徵聖人爲政以爲當務之急者,亦以禮、法並重矣。何則?禮、法者,相輔而行者也。

又案:法家之術,久爲吾儒所不道,然《志》引《易》曰:"先王以明罰飭法",則《易》之爲教不廢刑法矣。漢之賈誼,大儒也。陸德明《經典叙錄》其於《左傳》則云:"荀卿授陽武張倉,倉授洛陽賈誼",蓋誼固孫卿再傳弟子也,故其學長於禮。乃《太史公自序》曰:"賈生明申、商",斯可見習於禮者必通於法,而古之爲儒者又未嘗菲黜法家也。且孔子刪《書》,獨存《呂刑》。子產鑄《刑書》,則稱之曰"惠人"。陽膚學於曾子,及其爲士師也,曾子告之曰:"上失其道,民散久矣。如得其情,則哀矜而勿喜。"是又以用法之要語夫學者矣。即班氏論次儒家,凡《周政》、《周法》,無不載之。其書雖不傳,固嘗自爲之注曰:"周時法度政教"、"法天地,立百官",則皆法家之言也。至《內業》之書,今《管子》有其一篇。《管子》者,非以道家而兼法家哉?(《七略》互見,法家見《史記》注。)《志》並入儒家之中,若是,儒不足爲榮,法亦不足爲辱矣。

後世儒者,其未仕也,則循誦《詩》《書》,不能究其微言大義以推之世用;迨學而入官,則遂假手於人,乃猶以刑名法律鄙棄之而不惜觀。嗚呼，何其慎也！夫法家之道，尊君卑臣，崇上抑下，又豈第嚴刑峻法之謂也哉？儒統之一，由於漢武之罷斥百家，其説則董仲舒創之。吾讀《春秋繁露》，《保位權篇》曰："既有所勸，又有所畏，然後可得而制。制之者，制其所好，是以勸賞而不得多也；制其所惡，是以畏罰惡不可過也。"又曰："國之所以爲國者，德也；君之所以爲君者，威也。故德不可共，威不可分。德共則失恩，威分則失權。爲人君者，固守其德，以附其民，固執其權，以正其臣。"則人主之用賞罰也，正所以制治臣民而爲守位之本矣。夫董子非儒家歟？乃其立言之旨與法家相合，然則俗儒之賤視申、韓，亦反復思之可矣。

又案：聖人之作《春秋》，爲禮義之大宗。蓋筆削之意，皆上遵周公舊制也。《志》於《春秋》家曰："周室既衰，載籍殘缺，仲尼思存前聖之業，乃稱曰：'夏禮吾能言之，杞不足徵也；殷禮吾能言之，宋不足徵也。文獻不足故也，足則吾能徵之矣。'以魯周公之國，禮文備物，史官有法，故與左邱明觀其史記。"以此言之，《春秋》一經，本乎周公之禮者也。夫禮，所以"辨上下，定民志"。《春秋》者，非以"道名分"者哉？法家者流，《志》謂其"輔助禮制"，固以見禮、法二者有相通之義，而豈知其尊君卑臣，崇上抑下，又得之《春秋》乎？

昔吾讀《韓非子》矣，見其述楚共鄢陵之戰，晉文出亡之事，文與《左傳》同，嘗疑之。及讀《史記·十二諸侯年表》，於左氏以下並溯韓非，且其言曰："皆捃摭《春秋》之文以著書"，然後知如非者，真傳《春秋》之學矣。夫韓非,師事荀卿者也。劉向序《荀子》曰:"善爲《詩》、《禮》、《易》、《春秋》",則非之論法,其書雖爲韓而作,而《春秋》之說親受之於荀氏矣。

抑又聞之:《春秋》,孔子之刑書。是聖德在庶,不能行賞罰之權,而其襃善貶惡,達吾王心,則實立一王之法也。若是,法家者不特"輔佐禮教",規規於"信賞必罰"者,竊取《春秋》之意云爾。

又案:《論衡》有言曰:"道雖同,同中有異。"故諸子百家,語其同也,合其要歸,皆《六經》之支裔;語其異也,一家之內,各有宗派。何以識其然哉?若申子,若商君,非俱爲法家之學乎?乃觀於《韓非子》,則知其爲用不同矣。《定法篇》:"問者曰:申不害、公孫鞅,此二家之言孰急於國?應之曰:是不可不程也。人不食一日則死,大寒之隆不衣亦死,謂之衣、食孰急於人?則是不可一無也,皆養生之具也。今申不害言術,而公孫鞅爲法。術者,因任而授官,循名而責實,操殺生之柄,課群臣之能者也,此人主之所執也。法者,憲令著於官府,刑罰必於民心,賞存乎慎,而罰加乎姦令者也,此臣之所師也。"則申、商二氏,豈非一以言術,一以爲法,有同歸而殊塗者哉?

或曰:韓非子者,亦法家也,其於申子之徒術、商君之徒法,在所不取,然則如非者又何爲乎?曰:非蓋兼而行之者也。《史記》列傳云:"喜刑名法術之學",非其明徵歟?是故治諸子者,知其分矣,(如孟、荀爲儒,老、莊爲道是。)又當知其合;知其合矣,又當知其分。苟於異同之間,瞭然如指諸掌,用是而窺其立言之恉,庶不難矣。蓋古人著一書,未有雜然無主者也。

又案:法家之中其已亡者,如《李子》、《申子》、《處子》,此固不必論矣。《慎子》四十二篇,今存者五篇,則非完書也,亦可無辨。若讀《商君書》而不考其地,讀《韓非子》而不論其世,古人於是冤矣!《淮南子》曰:"秦國之俗,貪狼强力,寡義而趨利。可威以刑,而不可化以善;可勸以賞,而不可厲以名。故商鞅之法生焉。"則商君之法術嚴酷,蓋以秦地之民俗如此耳。《史記》列傳曰:"非見韓之削弱,數以書諫韓王,韓王不能用。於是韓非疾治國不務修明其法制,執勢以御其臣下,富國强兵而以求人任賢,反舉浮淫之蠹而加之於功實之上。悲廉直不容於邪枉之人,觀往者得失之變,故作《孤憤》、《五蠹》、《内外儲》、《説林》、《説難》十餘萬言。"又足徵非之定法,以其時韓國削弱,不務修明法制故耳。若是,此二家者,一則以俗尚强悍,一則以時值衰亡,各用其所學以爲補救之方,亦可明矣。至鞅爲秦惠所殺,非爲李斯所害,此特出於私意,而後儒不知,皆以爲輾、藥之禍由於崇法所致。嗚呼!鞅與非豈足服其心哉!

又案:古人之學,最重師承。《史・晁錯列傳》云:"錯學申商刑名於軹張恢生,所與洛陽宋孟及劉帶同師。"則法家之術世有傳授矣。《晉書・刑法志》:"秦漢舊律,其文起自魏文侯師①李悝,撰次諸國法,著《法經》。以爲王者之政莫急於盜賊,故其律始於《盜》、《賊》。盜賊須劾捕,故著《網》、《捕》二篇。其輕狡、越

---

① "師"字,排印本脱,據《晉書》補。

城、博戲、借假①不廉、淫侈踰制,爲《雜律》一篇。又以《具律》具其加減,是故所著六篇而已,然皆罪名之制也。商君受之以相秦。"如其説,鞅之爲秦立法,則師事李悝矣。至韓非學於荀卿,而自成法家;尉繚學於商君,而別爲雜家。(劉向《別録》云:"繚爲商君學。")雖互有出入,要可見法家一流未嘗無師傳也。後人但知儒者釋經,確守師説,而孰知爲法家者亦若是乎?然此第刑法一家耳。余於所著《要略》後附立一表,以明淵源之所自,今故略言其槩云。

又案:法家派別,余於前篇已詳言之,而其相通之理,則學者又不可不知也。太史公以申、韓二子合老、莊爲一傳,並爲之説曰:"申子之學,本於黄老而主刑名。""韓非者,韓之諸公子,喜刑名法術之學,而其歸本於黄老。"則法家皆通於道矣。《申子》書已亡,《韓非子》不有《解老》、《喻老》兩篇乎?其爲《老子》作注,是非固深於老子者也。《荀子》曰:"慎子蔽於法而不知賢。"今《志》入之法家,誠得其當矣。《史·孟荀列傳》云:"慎到,趙人,學黄老道德之術,著十二論",則慎子雖爲法家,又通於道家者也。《管子》之言曰:"明主之治天下,靜其民而不擾,佚其民而不勞。不擾則民自循,不勞則民自試。故曰:'上無事而民自試。'"又曰:"法立而民樂之,令出而民銜之。法令之合於民心,如符節之相得也,則主尊顯。故曰:'銜令者,君之尊也。'"然則《志》以《管子》列道家,而《七略》並次法家,特爲孟堅所省耳。蓋《管子》

---

① "借假",排印本誤倒作"假借",據《晉書》乙正。

本爲道家，其出而治世，作用則在法矣。不寧惟是。商君者，法家也，乃農家《神農》二十篇，劉向則云"李悝及商君所說"，若然，鞅以法家而通於農矣。抑吾嘗讀其《戰法》、《兵守》諸篇，初不解鞅以法術聞於後世，而於戰守之道何以論之極精？及觀《志》，《兵書》一略於權謀家有《公孫鞅》二十七篇，然後知鞅又通於兵家者也。班氏所以互見之者，非以其長於兵謀哉？夫道與兵、農，皆專家之業也，豈知法家者流無不通其學，則治其書者苟能明辨乎此，庶不疑宗旨之雜入矣。

又案：《志》云："刻者爲之，則無教化，去仁愛，專任刑法，而欲以致治，至於殘害至親，傷恩薄厚。"此法家之蔽失，吾固不能爲商、韓諱矣，然而有辨焉。商子《靳令篇》："六蝨：曰禮、樂，曰《詩》、《書》，曰修善，曰孝悌，曰誠信，曰貞廉，曰仁、義，曰非兵，曰羞戰。國有十二者，上無使農戰，必貧至①削。"夫儒者，"助人君，明教化"，"游文於《六經》，留意於仁義"，鞅獨稱之爲"六蝨"者，以法與儒家擇術不同耳。且由其説求之，鞅蓋恐國勢貧弱，故專務兵、農二者，去彼就此，以爲捄衰之道也。韓非之言曰："文王行仁義而王天下，偃王行仁義而喪其國，是仁義用於古，不用於今也。故曰：'世異則事異。'"又云："今有不才之子，父母怒之弗爲改，鄉人譙之弗爲動，師長教之弗爲變。夫以父母之愛，鄉人之行，師長之智，三美加焉而終不動，其脛毛不改。州部之吏，操官兵，推公法，而求索姦人，然後恐懼，變其節、易其行矣。

---

① "至"，排印本誤作"主"，據《商君書》改。

故父母之愛不足以教子,必待州部之嚴刑者,民固驕於愛、聽於威矣。"則非之不崇教化、兼去仁義者,明乎古今異宜,刑法之嚴所以佐父母之教也。

雖然,班氏之説非歟?曰:是也。揚子雲云:"群言淆亂折諸聖。"余嘗取聖人之言以補法家之弊①矣。子曰:"道之以政,齊之以刑,民免而無恥;道之以德,齊之以禮,有恥且格。"如法家者,使能於明法之後,而更以德、禮行之,則爲純王之治,不復有殘刻之患也。顧百家學術,各有所宗,刻者所爲,雖專任刑法,抑知惟爲法家,故以刑法爲主,況商、韓二子又相地制宜,因時濟變者乎?夫天下有治世之學術,有亂世之學術。昔者武侯之相蜀也,信賞必罰,綜覈名實,於用人、行政皆斷之於法。在武侯以王佐之才,彼豈不知教化、仁愛之爲美哉?反謂"《商君書》益人意志"而以法爲歸,蓋三國之世,適當離亂故耳。余故謂治諸子者當尚論其世,又貴審乎所處之時,善爲用之。必以法家蔽失而巧詆深排,是真所云因噎廢食矣。有志圖治者尚其鑒諸?

# 附録

《隋志》:法者,人君所以禁淫慝,齊不軌,而輔於治者也。《易》著"先王明罰飭法",《書》美"明於五刑,以弼五教",《周官》司寇"掌建國之三典,以佐王刑邦國,詰四方"、司刑"以五刑之法,麗萬民之罪"是也。刻者爲之,則杜哀矜,絶仁愛,欲以威劫爲化,殘忍爲

---

① "弊",排印本誤作"獘",徑改。

治，乃至傷恩害親。

　　謙案：《漢志》以法家一流出於理官，已可見諸子百家無不本之官守矣。今《隋志》又證之於司寇、司刑，則《周官》一經真千古之學案也。昔秦始皇兼并天下，焚滅《六經》，阬殺儒士，專用刑法，於是百姓怨之，傳至二世而亡，故有國家者遂以法術爲諱。然當其時，命學者誦習法令，"以吏爲師"。彼不知者，徒見秦之尚法，而孰知其"以吏爲師"者，蓋將合官師爲一，以復《周官》之舊也。孔子曰："修廢官"，又曰："天子失官，學在四夷"。蓋自周室東遷，列國各異其政教，所以求治之道不在上而在下。其時輔相之臣，用其私家之學起而行之，故管仲以道家而霸齊，由余以雜家而興秦。鄧析以名家，而子產取其竹刑；晏嬰以儒家，而景公去其驕行。雖未立專家之業，小由《周官》既廢，乃始崇其所長以措之治理也。及春秋而後，諸子蠭作，其道則因勢利導，皆思見之實行，然以私師授受，至是而學術之不統於官也久矣。夫學術不統於官，朝廷建一事、設一令，爲人民者竊竊焉從而誹訾之，則處士橫議，豈非天下之大患哉！

　　故秦之刮語燔書，重詐力而棄仁義，其不足長治久安者，亦固其宜；顧學法令而師事官吏，則猶《周官》之制也。《志》嘗曰："世之盛也，列在衆職"，然則修史者以家學而原於《周官》，其亦深慨夫後之學者習非所用，用非所習，出而服官，往往兵刑錢穀　切不知，遂以思周道之隆乎！

　　且吾讀孔德璋《上法律表》矣，其立言之意，歸之助教一員，誠以刑律者民命所關，不立顓官，使胥吏業及之，其爲害必匪淺尟矣。夫法家爲儒者所屏，吾固不欲人之"杜哀矜，絕仁愛"，而以此爲務或失於嚴刻也；然由孔氏之說觀之，則秦之置吏，俾讀法者奉以爲師，要無可厚非也，況其得《周官》之意歟？語曰："堯、舜不勝其美，桀、紂不勝其惡。"周之井田、封建，秦盡廢之，過矣。其倖存者，則法吏是也。必並此而譏之，不太甚乎？

或曰：《周官》之法，自新莽而後，何以行之而適以禍國？曰：此豈《周官》不善哉？昔隋之王通，大儒也，其言曰："如有用我，執此以往。"蓋知此一書者，周公所以致太平之迹也。然《志》於法家而徵之司寇、司刑，則《周官》者不特爲治世之具已也，蓋又千古之學案矣。

又案：《志》引《易》"明罰飭法"、《書》"明於五刑，以弼五教"，蓋謂法家之學合於經教也，知言者不當若是哉？然《春秋》道名分，韓非崇法得《春秋》之傳（說見前），彼固未知之。《後漢書·應劭傳》曰："遼東相董仲舒老病致仕，朝廷每有政議，遣廷尉張湯問其得失，於是作《春秋決獄》二百三十二事，動以經對。"則法家之通於《春秋》，以董子言之，是亦一證也。至《書》之所謂"五教"者，即孟子所云"教以人倫：父子有親，君臣有義，夫婦有別，長幼有序，朋友有信"也。聖王之定律也，皆以喪禮爲準，凡人之有背倫紀者，無不處之以極刑。若然，法之與禮真相輔而行者也。嗚呼！後世禮教不尊，而於刑法又欲以簡略出之，豈知此義者哉！

又案：道、法二家，其學相通，余已詳論之矣。今《志》以《管子》一書冠諸法家之首，則編次未得其當也。

何則？《管子》者，《七略》兼入法家，而《班志》則廁道家之中。雖於同源異流之故，不能以互著而見，然《管子》實爲道家也。夫道家者，君人南面之術，自有《管子》乃足徵古之道家未有不長於治道者，若僅列法家則失其真矣。昔陳振孫作《書錄解題》，謂"《管子》似非法家"，此言誠得之。然卒疑置之道家以爲"不類"，彼蓋未明道家之旨，非專任清虛而不足治世也。顧其誤則始於《隋志》，余故急爲辨正之。

《崇文・法家》原叙：法家者流，以法繩天下，使一本於其術。商君、申、韓之徒乃推而大之，挾其説以干世主，收取功名。至其尊君抑臣，辨職分，輔禮制，於王治不爲無益。然或狙細苛持深刻，不可不察者也。

謙案：戰國之世，學校已衰，故士之奮志功名者，不得不出於游説。即以孟子大賢，亦從者數百，後車數十，以傳食於諸侯，蓋時勢使然也。《史記・申子列傳》曰："學術以干韓昭侯，昭侯用爲相，内修政教，外應諸侯，十五年，終申子之身，國治兵強，無侵韓者"，是申子嘗挾其説以干世主矣。然卒能使國治兵強，則其功亦甚鉅。况其進身之始，雖近於立談取卿相，而不知當時取士之法實由於此乎？若韓非子者，著書在前，入秦則在後，太史公曰："人或傳其書至秦"，由此觀之，非之書爲韓而作，非挾策以干時者也。《遷史》具在，彼無識者，猶謂非之明法，觸李斯之忌而自以取禍，豈不冤哉？歐陽氏知法家之説於王治不爲無益，其論當矣；乃以申、韓之徒謂其干謁時主,則仍蔽所見聞也。孟子曰:"誦其詩,讀其書,不知其人可乎?是以論其世也。"爰本斯義,爲之匡其謬云。

《國史經籍志》:古有九流,輓近世幾於絶矣,而墨、從橫、名、法爲甚,其篇籍多軼,以此。夫三家於理不衷,於用非亟,固也。至法也者,人君所以紀綱人倫,而遏絶亂略,顧可一日廢哉?百家蠭起,皆率其私智,以自坿於聖人,以譁世而惑衆,然其失繇於各奮其私智,而其長蓋或出於聖人,在善用之而已。不然,駔銜委馭,四牡①橫犇,而欲以和鑾節奏,救皇路之險傾,其可幾乎?今仍列其書以備法家。

謙案:百家之學於戰代爲最盛,而其衰微之故,則原於漢武之屏斥,以表章《六經》耳。蓋自此以後,儒統既尊,而諸子則目爲異端矣。然儒道之大,宗師聖人,其貴顯之也固宜;彼九流者皆捄時之術,焦氏所謂"出於聖人",是也。顧從橫、名、墨,必以篇籍之散佚,病其"於理不衷,於用非亟",夫豈然哉?《墨子》之書,至今未亡。名家一流,其存者不有《鄧析》、《尹文》與《公孫龍子》乎?《鬼②谷子》者,雖未載於《漢志》,然劉向嘗引其説(見《説苑》),應劭《風俗通義》亦稱鬼谷爲從橫家矣,則其書自古有之。

---

① "牡",排印本誤作"壯",據《國史經籍志》改。
② "鬼",排印本誤作"思",逕改。

至此三家者果善用之，皆濟變之具也。何則？墨子尚儉，其所謂節用、節葬者，使時君有驕奢之行，而生則治臺榭，死則治陵寢，正可取其說以矯之。名家之崇實黜僞，其弊①也苛察繳繞，誠有司馬談所譏"儉而失真"者，然正名辨物，雖聖人爲政，亦以此爲當務之急。惟從橫一家，苟其時無敵國外患，則於用似可緩耳。特是有漢以來，邊釁屢開，所貴有專對之才，長於辭令，庶使於四方，乃不致上辱君命。夫從橫者，古之掌交也。後世有交鄰之責者，其可無蘇、張之說，權事制宜，以弭兵戎之禍乎？然則三家爲有用之學，焦氏菲薄之，抑亦過矣。

雖然，焦氏言此者，蓋以明法家之不可廢耳。以法家不可廢，故於三家遂惡其不衷於理，而議其爲用之非要。不然，彼論名家也，則曰"不覈其名實，御衆課功，反上浮淫，而詘功實，難以爲國"；其論墨家也，何以於兼愛之恉謂與聖人道濟無異？若其論從橫家也，不又取呂相絕秦、子產獻捷、魯連之全趙、左師之悟主以證之哉？可知焦氏未嘗貶抑三家矣。

今夫法者，眞人君所以"紀②綱人倫，遏絕③亂略"者也。自有舞智者出，高下在心，輕重任意，遂④使申、商之徒獨蒙惡聲，皆若輩有以致之也。焦氏曰："在善用之"，後之執法者，不當愼之又愼哉！

---

① "弊"，排印本誤作"獘"，徑改。
② "紀"，排印本誤作"犯"，據上文改。
③ "絕"，排印本脱，據上文補。
④ "遂"，排印本誤作"逐"，徑改。